Ange Fabrice Dibi

Sauvons notre mère

Ange Fabrice Dibi

Sauvons notre mère

Roman

Éditions Muse

Imprint
Any brand names and product names mentioned in this book are subject to trademark, brand or patent protection and are trademarks or registered trademarks of their respective holders. The use of brand names, product names, common names, trade names, product descriptions etc. even without a particular marking in this work is in no way to be construed to mean that such names may be regarded as unrestricted in respect of trademark and brand protection legislation and could thus be used by anyone.

Cover image: www.ingimage.com

Publisher:
Éditions Muse
is a trademark of
Dodo Books Indian Ocean Ltd., member of the OmniScriptum S.R.L Publishing group
str. A.Russo 15, of. 61, Chisinau-2068, Republic of Moldova Europe
Printed at: see last page
ISBN: 978-620-2-29949-7

Sauvons notre Mère

Ecrivain noir

Dédicace

Je dédie cette œuvre à mon Père et à ma mère qui m'ont donné le droit de vivre.

Je dédie cette œuvre à mon Dieu le Tout-puissant qui me protège et me donne toujours l'inspiration de continuer cette création.

Je dédie cette œuvre à tous mes amis que Dieu m'a fait connaitre.

Je dédie cette œuvre à tous ceux qui ont m'ont soutenu financièrement et moralement dans cette mission pénible.

Je dédie cette œuvre à mon Père spirituel Depri Akanon

Je dédie cette œuvre à tous les Ivoiriens pour apaiser les cœurs pour une paix durable.

Je dédie cette œuvre à toutes les mères ivoiriennes pour vos gestes louables.

Je dédie cette œuvre à tous mes frères, à tous mes neveux, à toutes mes sœurs de Molonou.

Je dédie cette œuvre à Nicole Kanga , ma chère collègue

Je dédie cette œuvre à mon amie Gooré Lou Tina Emma, Secrétaire KAB-Service

Je dédie cette œuvre à Rachelle N'guessan dit Maman Ministe, Restauratrice à Inchalla.

Aux enfants de ce pays : de tous bords politiques et de toutes religions confondues, afin que règnent l'entente, la paix, l'unité et l'amour pour la guérison de notre unique merveilleuse mère, la Côte d'ivoire.

1. Ma reconnaissance

Moi, Ecrivain noir, je reconnais cette vie comme la meilleure de tout ce que tu m'as donnée dans ma vie, notre mère. Elles sont nombreuses sur cette terre et de diverses images et de différents caractères. Mais, c'est toi seule, seule et seule malgré tout ce que j'étais encore fœtus dont mes yeux étaient hermétiquement fermés ; tu m'as accepté avec douceur et avec amour pour enterrer mon nombril dans un lieu béni dans la région de Tiébissou. Je ne peux guère oublier cette œuvre d'amour forte et profonde que tu as œuvrée à mon égard. Tu pouvais sans gène refuser cet acte d'amour maternel sans oppression voire m'avorter dont ce beau nom « ivoirien » ne me sera pas naturellement attribué aux yeux du monde comme les autres. Tu l'as fait au nom de l'amour véritable que tu as pour moi. Tu l'as fait pour beaucoup de tes fils dans ce monde comme le Père feu Félix Houphouët Boigny, le feu doyen Bernard Dadié, mon père Kouadio Kouadio Ludovic et d'autres enfants encore dont je ne peux pas tous les citer. C'est pourquoi, mon amour pour toi ne se fissura jamais et je serai toujours reconnaissant en vers toi pour tes biens faits dans ma vie. Tu m'as accepté en ouvrant mes yeux devant la France, devant l'Italie ...et devant la Chine. La reconnaissance est une preuve d'amour et donne la grande valeur à celui qui la fait. Un homme qui n'a point le sang de l'amour ne peut guère être reconnaissant sur cette terre des hommes. La reconnaissance est une bonne moralité et un geste précieux de la part de ceux qui la font. Notre Père fondateur de cette nation perd à son âme nous a dit que le vrai bonheur on apprécie lorsqu'on a perdu. Cette parole a vu le jour aujourd'hui sur cette terre des hommes entre nous les enfants de ce beau pays. Pour une élection présidentielle simple en 2010 en Côte d'Ivoire permettant aux peuples de faire un libre choix a ôté la vie de plus trois milles frères et sœurs pourtant nous chantons que nous sommes un pays démocrate. Réveillons-nous pour éviter le pire dans cette belle nation aux yeux du monde.

Peuples et habitants de cette terre, ressortissants de tous les hameaux et enfants de tous les bords politiques de cette glorieuse nation. Ecouté ma voix suave et onctueuse pour percevoir le message du jour : Lorsque je me suis rendu à l'hôpital de Treichville pour voir notre mère, j'ai eu des larmes en point finir quand j'ai vu la forme actuelle de notre belle mère la Côte d'Ivoire au CHU de Treichville. Une forme déplorable, pitoyable et décourageante dont la mort n'est point à douter demain sur nos pas. C'est la mère de tous les enfants de cette belle nation. Cette mère géante, belle, gentille et hospitalière dont ses fesses attiraient tous les hommes noirs et blancs de toutes les contrées du monde pour la réalisation de leurs projets. C'est elle qui, aujourd'hui, devenue comme une brindille de balai, comme un squelette et comme une sidéenne aux yeux du monde couchée sur le lit de l'hôpital attend son dernier jour dans une condition médiocre et pitoyable. Une mort pitoyable et brutale bientôt dont parle le monde entier dans tous les médias du monde. C'est pourquoi, je crie : « Pitié ! Pitié ! Et Pitié ! Non à un deuil national mais plutôt une joie nationale ». Ressortissants de cette belle nation, de toutes catégories religieuses et de tous les bords politiques, agissons sans une haine sourde pour sauver notre mère car c'est la Côte d'Ivoire qui est dans cet état chaotique dont toutes les presses du monde n'ont jamais cessé d'annoncer sa mort prochaine pitoyable et cruelle à cause de la désobéissance civile, la Troisième république et d'autres expressions. Je cris à nouveau : « Pitié ! Pitié ! Pitié et Pitié ! Habitants et enfants de Côte d'Ivoire agissons sans une haine sourde aujourd'hui » car la santé de notre mère est une grande tâche noble et un grand combat noble de tous les enfants de cette belle nation pour qu'elle retrouve sa santé devant le monde pour le bonheur de tous les Ivoiriens. Je reconnais depuis 1993 que notre Père fondateur nous a quitté cruellement, la vie des Ivoiriens a changé passablement, la paix entre les enfants de même nation est devenue comme une brindille de balai et la cohésion sociale véritable a foutu le camp dont nous devons tous aller encore à la recherches de ces grandes valeurs. Je reconnais depuis que notre premier Président est parti, les Présidents qui se sont succédé n'ont point eu les moments agréables pour faire des passations de charges pour montrer que nous nageons dans la piscine de la démocratie vraie.

Ce qui nous arrive aujourd'hui dans cette belle nation est le fruit de vos unifications des partis politiques, vos contrats signés et non respectés et aussi vos paroles non respectées. La parole est sacrée et vous devez tourner vos langues sept fois avant de faire sortir des paroles qui nous donneront une autre image et nous conduiront aux déchirants. Le peuple ne vous a jamais dit et ni vous poussez de signer des contrats d'alternances au pouvoir mais aujourd'hui, c'est le peuple qui prend les pots cassés de vos malentendus dans ce monde. L'incendie que notre pays traverse ne vient nullement par des peuples mais par nos autorités de ce pays. Le peuple n'a jamais écrit des lois ! Le peuple n'a jamais établit des lois. C'est vous qui avez écrit et établit toutes les lois pour nous présenter. Pourtant, c'est vous les premiers rebelles en faveurs de ces lois. Les manifestations de revendications se passent dans tous les pays et sont aussi des droits. Aux Etat unis, en France, au Canada, au Nigeria et au Mali, nous assistons et nous voyons ces fruits amers de ce mouvement. Ce n'est pas seulement dans notre pays. Tout simplement pour dire que là où Etat, il ya toujours des erreurs. Ce n'est pas ici seulement que la tension est montée. J'ai l'impression qu'en Afrique, la justice est faite pour les opposants. Mais comment diriger un peuple sans opposant ? Pourtant la philosophie nous enseigne que c'est autrui qui me permet de me réveiller dans mon sommeil et c'est par lui encore que je me parfais. La nation n'est pas une propriété privée d'une personne, ni un clan mais un héritage de tous les enfants d'une même nation. C'est ce que je reconnais et tous les enfants de ce pays ont le droit de rêver aussi à diriger ce beau pays un jour car il est héritage de tous. Je constate avec amertume et avec une grande honte sur deux remarques :

La première remarque est le cas de l'Amérique. Le continent le plus puissant du monde. En un mot, ceux qui nous dirigent ici-bas dans ce monde. Ce fait est d'autant plus comique et plus honteux que je n'arrive pas à le décoder. C'est pourquoi je suis d'avis avec le titre pertinent de mon collègue Achebe « le Monde s'effondre ». Effectivement le monde commence à s'effondre parce que J'ai honte de comprendre que ce mystère que le président sortant puisse crier « Fraude ».Ce fait est inscrit pour la première fois dans l'histoire de l'humanité en Amérique pour le président sortant Trump qui a crié « fraude » devant son opposant. Voilà ce qui m'étonne car en Afrique, ce mystère n'a jamais été possible dans une présidentielle. A quand les Présidents sortant en Afrique crieront : Fraude ! Fraude ! Et Fraude ! Pour faire sortir la vraie image de la démocratie en Afrique ? Puisque, Ce que nous savons toujours en Afrique, c'est les opposants qui crient toujours « fraude ! Fraude » devant les présidents sortants car les présidents sortants ont le pouvoir de tout contrôler et dominer. C'est ce qui est contraire en Amérique. C'est pourquoi, je disais toujours que la démocratie ici serait considérée comme un palais en or et c'eux qui ont les puissants moyens qui y habiterons toujours comme les Présidents. Idée de concevoir qu'un jour, un président sortant en Afrique criera « Fraude » est une illusion en moins que les vieilles coutumes de la démocratie changent. La deuxième remarque est loin de l'Amérique, loin de l'Europe et c'est plutôt en Afrique. S'il y 'a un peuple qui est fier d'être pauvre et toujours misérable, je pense que c'est les Africains. Parce que, malgré les esprits de la pauvreté et la misère qui nous lient fortement comme les prisonniers ; nous ne cherchons pas à nous délivrer dans toutes les régions de l'Afrique mais nous continuons de penser plutôt à organiser une nouvelle rébellion ou faire une nouvelle attaque qui versera au moins mille litres de sang au Centre, au Sud, à l'Est et à l'Ouest. Quand nous comprenons plus tard que les guerres ne peuvent nous donner de la paix, ni de la nourriture et ni le bonheur. Et aussi aucun homme blanc ne va se battre pour l'émergence de l'Afrique alors nous seront délivrer de nos maladies du passé. S'il y a un compte à rendre à Dieu au nom de l'Afrique demain ; cela ne sera pas les Blancs et ni les Américains mais c'est nous les Africains car le destin de notre Afrique se trouve dans nos mains. La démocratie vraie n'a jamais engendré la guerre. Pour eux, que ce livre d'or reste toujours sacré pour leur intérêt personnel. C'est pourquoi, je regrette pour vous dire que c'est en Afrique seul que l'homme est au dessus de la loi.

Aux enfants de ce pays : de tous bords politiques et de toutes religions confondues, afin que règnent l'entente, la paix, l'unité et l'amour pour la guérison de notre unique merveilleuse mère, la Côte d'ivoire.

2. **Notre douleur passée**

J'ai été l'une des victimes piaculaire et l'un des témoins oculaires de cette tragédie humaine que nous avions traversée brusquement et fatalement dans notre monde dont je crie au bon Dieu de sonder tous les cœurs pour ne plus tomber à jamais dans cette folie des grandeurs encore des hommes. J'ai vu des innocents sur notre chemin de refuge, saignés dans le sang, éventrés comme des animaux de la brousse, certains déchiquetés par des tires de ces créations sataniques des humains et enfin d'autres calcinés. A cent mètres devant moi dans cette forêt immense, à ma droite, j'entendis des claquements des armes qui faisaient bouger tous les arbres de la brousse et la terre. J'ai dit enfin dans mon cœur en ces termes : « C'est fini pour nous aujourd'hui dans cette belle nation ».Tout d'un coup, je vis rapidement le ciel noircit et brutalement accompagné par des grondements de tonnerre à plusieurs reprises et fini par un grand vent violent. Et les bruits des armes cessèrent pour un temps et les oiseaux du ciel coupèrent leurs cris dans cette nuit. Un grand silence remplit à nouveau la forêt sans geste d'aucune bête sauvage. J'avais toute la peur du monde dans cette nuit là dans cette forêt dont je ne maîtrisais aucune voie pour me sauver. Je me croyais déjà mort dans cette affaire médiocre car je marchais au milieu des morts et je passais la nuit au milieu des morts. C'était une situation incroyable et insupportable ce jour-là la vie. J'avais horriblement efflanqué comme un squelette et comme un sidéen qui attend son dernier jour pour nous dire « Au revoir à ses parents et à ses amis ». Mais comme c'est Dieu qui a le dernier mot dans notre vie donc tout ce vent violant m'avait échappé cruellement. Après un temps mort des cris des armes, trente minutes après ce beau temps, j'entendis à nouveau le claquement fatal des armes « Kpo ! Kpo ! Kpo ! Doum ! Kpo ! Kpo ! Kpo ! Doum ! .... » Qui nous envahissait encore. Et tout juste à mille mètres de moi ; les pleurs et les cris des innocents montèrent fatalement et cruellement jusqu'au ciel, remplirent la brousse, descendirent dans mon cœur et se résumèrent en une seule phrase pitoyable dans mes oreilles en ces termes : « *nous vous demandons pardon ! Arrêtez de nous massacrer et tuer dans ce pays ! Arrêtez la guerre car elle est meurtrière et sale ! Nous n'avons pas de partis politiques dans cette belle nation. Nous ne sommes ni PDCI, ni FPI, ni RDR et nous sommes innocents de tout ce qui nous arrive aujourd'hui dans ce beau pays. Pitié ! Pitié ! Laissez-nous vivre pour l'amour de* Dieu ».

J'ai été froidement abattu dans mon âme là où j'étais caché après avoir entendu ces paroles agoniques de ces innocents avant d'aller de l'autre côté du monde. Je tremblais, je pleurais car cette ignominie était insupportable pour moi. Devant moi, toute juste à dma droite, seuls les cétoines et les cicindèles que je voyais silencieusement sur mon chemin dans cette forêt immense. La seule phrase qui venait et défilait dans ma tête ce jour-là était : « Pourquoi ces barbaries et ces idioties entre nous les humains de même entité ? Et je n'avais pas eu d'aucune favorable réponse. Je continuais mes marches en pleurant, en tremblant et en balançant de gauche à droite comme un ivrogne. Et tristement, je me suis convergé vers un autre gros arbre pour me cacher encore pour éviter la réaction de ces inhumains sur notre sol béni. C'était horrible à voire ces images inhumaines pour la première fois dans ma vie car je ne savais pas que certains humains pouvaient réagir ainsi pour atteindre cette folie. Ce vent amer me poussa de me demander encore sur pas : Pourquoi, l'homme, être doué de raison dont le Tout-Puissant a mandaté pour guider tout ici-bas arrive à agir de la sorte envers son prochain ? Je n'ai pas eu encore de réponse favorable à cette question pertinente. La tempête a déjà fait son œuvre dévastatrice sur mes pas pour scintiller le soleil sur nos pas. Toute une génération est partie sous mes yeux pour une cause inutile et personnelle dont nous pouvons ensemble trouver une solution sans effusion de sang ». Si je relate ces faits tragiques, c'est parce que je les ai vécus et nous les avions vécus tous ici. Nous avions vécu le deuil national dans toutes les contrées pour cicatriser nos plaies distinguées et la pluie a fortement plu pour tourner cette page sombre de notre histoire pour nous consoler éternellement pour l'avancée propice de notre cohésion sociale tant attendue dans tout le pays.

Aujourd'hui, si nous devons retomber dans cette tragédie encore dans cette élection qui arrive à grand pas pour revivre ces images sombres que nous avions traversées pour nous réveiller encore nos douleurs et nos plaies pour tuer notre mère et ses biens. Moi, Ecrivain noir ; je dirai : « Non ! Non ! Et Non !». Je vous demande avec un cœur d'amour à tous les enfants de cette belle nation de faire le sacrifice suprême pour tourner cette page médiocre et d'oublier ce passé tragique de notre histoire pour que la désobéissance civile et la troisième république ne nous en portent pas encore. Je vous demande seulement de militer ensemble pour rattraper et booster notre cohésion sociale dont notre mère attend vivement pour sortir dans cette situation chaotique. Je le redis : C'est une affaire de tous les corps : Les professeurs, les ministres, les écrivains, les pauvres, les riches, les enfants...et toutes les âmes d'aller rechanter à nouveau « notre hymne nationale » et de danser à nouveau au son de nos danses modernes et traditionnelles pour renouveler nos esprits pour la guérison de notre mère...Je compte sur vous pour demain. Enfin, je le redis encore pour ouvrir nos yeux : Je les relate aujourd'hui, c'est parce que je les ai vécus hier. Et si je les ai vécus hier, il est mieux de ne pas me taire devant le monde aujourd'hui pour faire comprendre aux humains l'ampleur de ce mal sur notre terre et leur dire combien de fois la guerre est horrible et terrifiante dont nous devons toujours conjuguer nos efforts communs pour l'éradiquer dans notre glorieuse nation. Ignorons tout et donnons-noud la main de gauche et à droite pour chasser la haine, la violence et l'hypocrisie pour vaincre le retard et embrasser fortement notre cohésion sociale pour éviter ce chienlit encore dans notre milieu car elle reste toujours horrible terrifiante aux yeux du monde.

Aux enfants de ce pays : de tous bords politiques et de toutes religions confondues, afin que règnent l'entente, la paix, l'unité et l'amour pour la guérison de notre unique merveilleuse mère, la Côte d'ivoire.

3. **Notre nation est comme notre mère**

Habitants et habitantes de cette belle nation. En un mot, les fils et les filles de ce beau pays. Le temps est venu de vous endiguer par ma voix sainte le secret qui nous sauvera la honte dans ce monde des hommes. Comprenez aujourd'hui que nous avons un héritage commun qui est notre mère la Côte d'Ivoire et non pour un clan et ni un groupe d'ethnie dans ce monde caillouteux. Nos ennemis veulent que nous altérions notre belle mère pour être éternellement orphelin de mère. Mais nous n'arriverons pas là car je ferai mon sacrifice suprême pour désamortir vos cœurs blessés pour la guérison de notre mère. Nous avions une mère généreuse et elle a tout pour que ses enfants soient épanouis et heureux. Le rêve de ceux qui pensent que nous allons dramatiser notre situation pour tuer notre mère sera une illusion car je m'égosillerai pour vous prodiguer des conseils pour empêcher le pire ç venir. C'est ma part à l'édifice et la reconstruction de notre nation sur tous les plans. Les Camerounais ont leur mère, les Libanais ont leur mère, les Français ont leur mère, les Sénégalais ont leur mère et les Japonais ont leur mère aussi comme nous. Jamais ils ne vont guère décider de la tuer pour être orphelins ! Alors, pourquoi, c'est nous les Ivoiriens qui veulent faire le contraire ? C'est pourquoi, je vous informe que pour tout ce que nous voulons entreprendre imperceptiblement, nous devons regarder piteusement et pieusement notre mère et notre nation et avoir la commisération pour ses biens. Elle nous a déjà démontré son amour parfait en nous acceptant d'enterrer nos nombrils distingués. Cet amour précieux qui règne entre notre nation et nous, nous devons faire notre sacrifice suprême pour le protéger infiniment. Je pouvais dire que la France ou l'Amérique pouvait accepter de les enterrer. Mais cela n'a pas été le cas. C'est la Côte d'Ivoire qui l'a fait pour nous montrer qu'elle nous aime convenablement. La France a fait pour le Président Macron... et la Lybie a fait pour le feu Président Kadhafi. C'est le moment pour chacun de faire sa preuve d'amour envers son pays natal. Alors, je vous demande « pardon, rien que le pardon pour désamortir les cœurs perforés et incendiées dans notre nation » pour que tout ce que nous arrivons au bout de ce tunnel ensemble. Nous devons promptement semer, entreprendre et poser les actes qui glorifient notre nation car elle ne passe jamais. Seules, La génération des hommes, la génération des femmes, la génération des enfants...et la génération des Président passeront mais sauf le nom de notre pays restera. C'est pour quoi, j'exhorte tout le monde à enterrer ses blessures et ses plaies pour une raison d'amour réel pour notre patrie. L'amour incarne le sacrifice, et le sacrifice nécessite un combat digne et tout combat digne entraine toujours une victoire écrasante aux yeux du monde. La victoire que nous chantons tous les jours aura lieu quand nous regarderons dans la même direction et nous militerons pour la même cause noble.

Et si nous faisons un effort pour nourrir cette idée de pertes collectives, de pleurs collectifs et de victoire collective alors il ne sera pas pénible que notre nation guérisse dans cet état car elle veut voir ses filles et ses fils œuvrer ensemble, marcher ensemble, regarder dans la même direction et dans l'amour pour avancer. Tous les pays ne pouvaient guère enterrer nos nombrils mais parmi ces pays, un seul s'est montré genreux devant tous les pays de la terre de t'accepter comme moi sans haine et sans hypocrisie d'ouvrir nos yeux comme une mère parmi les mères de la terre. C'est une preuve d'amour profond pour nous dont chacun ne doit pas oublier tous les jours. Notre nation est comme aussi notre mère, elle a fait sa preuve d'amour comme une mère biologique dont elle attend notre part aujourd'hui dans sa maladie. Il ne s'agit pas de faire le contraire de ce que nous pensons, si c'est le cas selon vos pensées, je vous dirai : Non ! À cette aberration. Non ! A cette idée obscure et à une haine sourde. Votre part, en tant qu'enfant digne, c'est de lui donner tout ce que vous avez pour contribuer à son évolution, à sa grandeur et à sa reconstruction. Quand vous aurez fait comme moi dans cette optique, alors vous serez loin des enfants indignes et elle vous regardera comme un enfant et une fille digne, responsables aux yeux du monde. Alors, mes peuples de tous les horizons, j'aimerais vous faire savoir enfin que nous avions été tous blessés mais au nom de l'amour de notre patrie, que nos forces, nos compétences et nos talents ne doivent pas contribuer à sa mort mais plutôt de contribuer à son émergence aux yeux du monde pour sa guérison de cette infection virale dont elle souffre gravement. Elle a fait le même sacrifice suprême et sublime que nos mères avaient fait. Parmi les trésors du monde, un seul est choisi par le Transcendant pour nous créer qui est notre mère biologique. C'est notre emprunte personnel. Jamais, un être ne peut guère avoir deux mères biologiques. Jamais ! Jamais ! Jamais ! Et Jamais ! Quand je me rappelle des bienfaits aujourd'hui de ma mère dans mon existence, rien ne pourra m'empêcher pour dire aux autres qu'elle est merveilleuse et elle a besoin de notre soutien éternellement. Je pouvais être le fils de la Reine de l'Angleterre, le fils la première dame de la France ou le fils de la première dame de l'Allemagne mais Dieu ne l'a pas fait car il connaissait bien parmi ces trésors, celui qui était pour mon bien comme vous. Sauvons nos mères ! Parce qu'elles ont fait beaucoup de sacrifices énormes pour nous sur cette terre des hommes. Elles nous ont portés pendant neuf mois pour traverser toutes les souffrances du monde. Elles nous ont lavés, elles nous ont faits boire leur lait maternel, elles nous ont faits coucher dans le berceau tous les jours et toutes les nuit en nous protégeant encore contre les mauvais esprits et nous sommes aujourd'hui devenus des « cadres diverses ». Si aujourd'hui, elles doivent avoir comme une récompense la haine, la violence, les tortures, les brimades et le rejet de notre part en tant que fils et filles alors je demanderai qu'on nous traite de « damnés enfants » car nous ne devons pas leur tendre un couteau. Pareil pour notre nation. Elle a fait les mêmes œuvres salvatrices comme nos mères distinguées. Jamais, un être humain ne peut avoir deux nations biologiques. Comme ma mère s'est portée généreuse devant les mères du monde pour m'accoucher, c'est le même cas que mon pays a fait. Il a fait devant ces pays du monde en m'acceptant et en terrant mon nombril. C'est pourquoi, cet amour que nos mères et nos nations nous ont prouvé, nous devons les rendre aussi car l'amour est réciproque. J'avance mes mots pour dire qu'un peuple mal éduqué, mal formé et mal enseigné est une nation qui aura infailliblement et immanquablement « des faux Elites » demain. Nous devons conjuguer notre effort pour former nos progénitures pour avoir des totems comme l'agression, le meurtre, l'arnaque, la violence et le vol . Cela peut déssouiller notre nation et ses biens. Combien de goûtes d'eau qui tomberont dans la mer pour changer sa saveur ? Je pense bien que quelque soit les milliards goûtes d'eau dans la mer, sa saveur ne changera guère. Tout simplement pour dire que la nature ne trompe pas. La modification de tout ce qui est nature accouche inéluctablement la malédiction aux yeux des justes. On peut être un voleur, un torpilleur, un coquin et un coureur de jupon aujourd'hui dans ce monde et demain, toutes ces attributions négatives peuvent finir pour un jour. Mais la peau blanche ne peut guère devenir la peau noire quelque soit l'année car elle vient de la nature. Tout simplement pour dire que ce que la nature a fait est précieux et inchangeable. Ma colère et ma haine seront prolongées éternellement pour toux ceux qui deviennent « femmes ou hommes artificiellement ».

Ensuite, n'oublions pas leur bienfait dans notre existence car Dieu ne se trompe pas.. L'amour est un sacrifice et on ne peut jamais aimer sans faire de sacrifice. Alors, si le fils ne peut pas aimer et sauver celle qui a ouvert ses yeux, il sera un enfant indigne dont je hais que vous les soyez dans ce monde actuel car elle a fait des sacrifices énormes pour nous. Je ne cesserai guère de pleurer et de m'humilier pour vous demander « pardon, rien que le pardon nuit et jour » pour tous ceux qui ont les cœurs perforés, déchiffrés et incendiés sur cette terre des ancêtres pour oublier ce passé douloureux, humiliant et blessant sans une haine sourde pour militer ensemble dans ce même combat noble qui nous sauvera de la honte internationale aux yeux du monde sur la santé de notre mère car notre nation est aussi notre mère.

Aux enfants de ce pays : de tous bords politiques et de toutes religions confondues, afin que règnent l'entente, la paix, l'unité et l'amour pour la guérison de notre unique merveilleuse mère, la Côte d'ivoire.

4. **L'inquiétude sur la santé de notre mère**

...Très tôt le matin, sous le brouhaha grandissant de décembre, je pris la voie qui mène vers le CHU de Treichville en passant par le grand carrefour de Koumassi à cause de la santé de notre mère et j'était animé par la plus grande peur du monde à cause des réactions inhumaines des enfants dont nous les appelons affectueusement « Les microbes ».Après, une heure de marches dans le silence , avec la présence du Seigneur, Ecrivain noir affranchit enfin le portail du CHU sans obstacle et je me mis face au vigile de la place .

-Bonjour, monsieur l'Agent de sécurité !

-Bonjour, jeune homme. Comment vas-tu ?

-Bien par la grâce du Seigneur.

-Et vous ?

-Pareil ! Et comment vous appelez ?

-Je me nomme Ecrivain noir.

- Mais vous faites quoi ici ce matin, Ecrivain noir?

-Donnez aussi votre nom d'abord avant de multiplier vos questions, mon frère.

-Super ! Vraiment, vous avez la raison. Je suis Jean Hiver.

-Merci, mon frère. Et le boulot ?

-C'est dur et risquant mais nous sommes dedans car on ne peut pas aller quémander puisque nous sommes nés « garçon » ni aussi piquer comme les autres pour voler les innocents. Notre éducation reçue ne nous permet pas de faire ces choses.

-Tu as raison, mon frère. C'est Dieu que nous prions aujourd'hui pour que cette éducation disparaisse dans notre société pour le bonheur de tous. Même les animaux n'agissent pas ainsi dans la forêt.. Aucun travail sur cette terre n'est facile. Du courage et Dieu vous aidera aller vers le meilleur un jour. La

férocité de l'homme est atteint le point culminant dont le sel majeur de cette mauvaise sauce est la mauvaise éducation de nos enfants. La preuve en ait qu'en venant matin, j'avais toute la peur du monde pour ne pas être l'une des proies de ces galopins.

-Merci, Ecrivain noir ! Nous ne sommes pas des bons lettrés donc c'est fort plus que moi ce message. J'ai un petit niveau pour comprendre ce langage fort et pur. Mais pour quoi vous êtes ici ce matin ?

-C'est la vie. Je te comprends car ce n'est pas tout le monde qui a eu la chance de faire une longue étude dans ce monde. Notre mère est malade et elle a été transférée ici en urgence.

-Ok. Qui est votre mère ? Parce qu'il ya beaucoup de malades dans ce CHU.

-Merci, mon frère ! Mais je veux d'abord des renseignements avec vous avant toute chose. Pouvez-vous m'accorder le temps ?

-Oui. Vas-y !

-Ok, merci. Combien d'ambulance qui sont rentrées ce matin ici ?

- Neuf ambulances.

-Merci. Et combien de corbillats qui sont sortis ce matin vers la morgue ?

-Quatre corbillats.

-Haaa ! J'ai peur que notre mère meurt dans cette maladie. Nous n'avons qu'un seul trésor aux yeux du monde et nous ne voulons pas la perdre. Je vois partout des soldats en position de tire comme nous sommes dans la nature or nous sommes en pleine ville. Moi je n'ai jamais les hommes en armes car ils ont toujours raison de tout faire.

-Non, elle ne mourra pas. Toutes les chaines nous ont fait parvenu cette préoccupation sur la gravité de la santé de notre mère. Mais, je suis un simple vigile non puissant. Ma voix ne peut pas toucher le ciel pour changer de couleurs. Je suis aussi dans l'inquiétude dans ce monde car notre cohésion sociale et notre éducation nationale sont en train de partir en fumée. Ayons la foi seulement car Dieu peut tout faire. Va dans la salle des patients et tu verras des Docteurs défilés pour bien te renseigner car je ne le suis pas.

-Merci, mon frère !...

* *

*

-Bonjour, mon Docteur !

-Bonjour, jeune homme ! Que puis-je faire pour toi ce matin sous le brouhaha grandissant ?

-Mon Docteur, je suis là pour une préoccupation majeure qui me tourmente et qui gangrène mon cœur. J'ai peur. Très peur, mon Docteur.

-Laquelle, jeune homme ?

-Merci. Je me présente d'abord. Je me norme Ange Fabrice Dibi dit Ecrivain noir.

-Ok. Moi, c'est le Docteur Dacouri Maxim.Parle-moi de ta préoccupation !

-Mon Docteur, notre mère est malade et elle a été transférée ici dans ce C.H.U de Treichville donc je suis là pour voir comment va sa santé en tant qu'enfant si elle va bien.

-Ok. Les malades sont nombreux ici avec plusieurs noms et plusieurs cas. Dis-moi le nom de votre mère pour vérifier si elle n'est pas parmi les cas pathétiques.

-Mon Docteur, c'est votre mère aussi.

Han bon ! C'est vrai ça ?

-Oui, mon Docteur.

-Alors, dis-le pour que je puisse être claire dans mon esprit.

-Très bien, mon Docteur. C'est la Côte d'Ivoire.

-Han ! C'est la Côte d'Ivoire qui est votre mère ?

- Oui! C'est notre mère, mon Docteur.

-Ok. Si c'est elle alors je vous dirai qu'elle est parmi les cas pathétiques. Son rythme cardiaque est atteint le seuil et il lui faut une dépression rapidement. Nous n'avions pas ces instruments donc... Mais nous sommes en train de faire notre effort pour la sauver si possible. Mais je pense bien la vérité est unique dans cette affaire. Elle sera transférée encore en France car son infection nous dépasse.

-Pitié ! Mon Docteur. Faites quelque chose pour nous. C'est notre seule mère qui reste aux yeux du monde. Que deviendrai-je moi Ecrivain noir et les autres sur cette terre des hommes si elle meurt dans cet état, mon Docteur ? Pendant la fête des mères, qui recevra mon cadeau, mon Docteur? Pardonnez ! Pardonnez ! Sauvez-la ! Pour que nous soyons tous heureux. C'est ma deuxième visite, mon Docteur. Mon Docteur, je ne comprends pas pourquoi nos frères demeurent dans les choses qui ne leur arrangent guère dans ce monde ? Moi, j'accorde beaucoup d'importance à ce qui est naturel plus que ce qui est artificiel en tout. J'espère que votre connaissance vous permettra de comprendre cette phrase profonde ?

-Oui ! Ok. Jeune homme, on verra ça. Les temps sont très mauvais. Nous ne comprenons plus rien dans ce monde. Nos autorités tombes comme des balles. Nous n'avions jamais vu cers choses cruelles dans ce pays, ni au temps de notre Père fondateur de la nation avant qu'il nous quitte. Aujourd'hui, quand nous apprenons qu'un cadre de ce pays est malade ; c'est le cercueil est déjà prêt et la date du décès ne tarde pas à être officielle. En moins de deux ans, nous avions perdus au moins six cadres de ce pays. Le ministre Gon Coulibaly est parti, Le commandant Wattao aussi, en passant par Diby Charles. Aujourd'hui, c'est le deuxième premier ministre Hamed Bakayoko. Les Ivoiriens n'ont jamais vu ces scènes pitoyables depuis que notre pays existe. Nous sommes tous dans l'inquiétude sur la santé de notre mère car ses enfants sont en train de disparaitre comme des voleurs. Il faut que les Ivoiriens se lèvent en un seul corps pour sauver de la Côte d'Ivoire de cette destructive massive et inutiles des cadres. Ce n'est pas normal pour ce qui se passe. Le diable a t-il pris le dessus ?

-Je ne comprends pas aussi. Mais jamais le Diable ne peut prendre le dessus sur une terre bénie. C'est l'amertume partout. Seul Dieu connait qui est à la base de cette destruction massive que traverse notre pays. Je compte sur vous ! Ecoutez-moi pour une dernière fois. Le feu pourra s'éteindre si nous vomissons de l'eau limpide. L'eau sale tue puisqu'elle contient des microbes qui peuvent endommager les défenseurs de l'organisme. Or, l'eau limpide nourrit le corps et participe à son évolution parfaitement. Nos paroles sont des catalyseurs d'une réaction entre nous les humains qui peuvent provoquer une réaction exothermique ou endothermique. C'est pourquoi, je demanderai aux humains toujours de contrôler les paroles libérées en publics car elles peuvent tout freiner ou tout accélérer. La preuve en ait que notre mère est malade à causes de certaines paroles de ses enfants, mon Docteur.

- Nous allons faire notre effort. Cette maladie dont elle souffre a un remède. Je l'espère bien. Si tous ses enfants ont tous la volonté, elle sera guérie. Ne t'inquiète pas trop sur cette situation, Ecrivain noir.

-Ok. C'est une affaire de vivre ensemble. On ne peut pas se regarder dans la même nation comme des chiens et des chats. Nous avions un seul héritage commun qui est notre nation. Chaque personne doit jouer sa partition pour que cette cohésion sociale dont attend notre mère au sujet de ses fils et filles soit une réalité. Jouez votre rôle de médecin et Dieu fera le reste.

-Compris, Ecrivain noir. Rentrez à la maison et priez car c'est Dieu qui certifie le résultat après les hommes.

-Merci, mon Docteur. Je compte sur vous !

-Ok. Mais je préfère que tu comptes sur Dieu car c'est lui qui a le dernier mot dans tout ce que nous faisons sur cette terre des hommes, Ecrivain noir.

-Ok, vous ave effectivement raison mon Docteur. Tout est rabastiné et rabiné sur nos voies et l'espoir d'une vie paisible est train de se volatiliser dans les cœurs des « âmes sans force » dans ce beau pays. Nous devons reboursicoter nos plans et nos unions pour éradiquer une évolution gondolée dans notre nation, mon Docteur.

-Oui, tu as raison.

-C'est toutes ces déviations qui polluent la santé de notre mère. Mon docteur, il faut savoir enfin qu'une nation dont ses jeunes ne lisent pas, elle est une nation qui est malade, infectée et est faible à dévier de ses objectifs par ses ennemis. A demain, mon Docteur.

-Tu as raison. Merci, Ecrivain noir.

*

* *

C'est pourquoi, je dirai sans doute qu'être libre pour un homme, c'est de réaliser ses rêves ici-bas. Toute une bibliothèque est en train de partir en fumée sous nos yeux nuit et jour en Afrique et on me parle de paix. La paix, c'est la joie et la tranquillité sur nos pas. Hier, était Félix Houphouët Boigny, ma mère biologique ...et Amadou Kourouma. Aujourd'hui, c'est le tour du Doyen Bernard Dadié et le Ministre Hamed Bakayoko que j'aime autant. Tous nos baobabs sont en train de partir en fumée sans remord. C'est la désolation qui prend de l'ampleur sur toute l'Afrique et sur notre pays la Côte d'Ivoire. Et moi, Ecrivain noir que deviendrai-je dans cette Afrique nouvelle s'il y a plus de l'ombre pour cacher ma tête ? Seul, Dieu connait ce qu'il nous arrivera demain dans cette belle nation encore. Il nous faut une nouvelle éducation et une nouvelle politique pour triompher, pour cicatriser nos plaies et sauver notre mère sans effusion de sang sur notre sol en Afrique. C'est pourquoi, je ne peux guère concevoir qu'on puisse me chanter de liberté et de démocratie nuit et jour, pourtant, tous nos biens sont en train de partir en fumées et encore notre mère est malade sous nos yeux et elle est en train de gémir sur le lit de l'hôpital à Treichville. La mère de tous les ressortissants de cette nation et de toutes les ethnies assises ici. La liberté conditionnée n'est pas une liberté proprement dite. C'est pourquoi, j'appelle solennellement tous les peuples de la terre de faire ensemble le sacrifice suprême pour que notre seule mère retrouve sa guérison devant le monde. Le médecin en question ici avait prouvé après une grande analyse que notre mère souffre de l'infection virale et son cas est très avancé compte tenu des secoues et des gestes inhumains de certains enfants reçus dont le remède actuel et efficace pour sauver notre mère merveilleuse se réside uniquement dans l'union, la cohésion sociale, la solidarité... et l'amour entre tous les enfants de tous les bords politiques. Et il a même insisté que si nous faisons ce sacrifice suprême, rien ne pourra nous empêcher de sauver notre mère sur cette voie. C'est pour quoi, je crie à nouveau : Peules de tous les horizons et de tous bords politiques, sauvons notre mère parce qu'elle a fait beaucoup pour nous dans ce monde. Si elle meurt, nous n'aurons plus de mère dans ce monde des hommes car toutes les générations passeront sauf notre nation. Je vous exhorte à respecter cette ordonnance dont les docteurs nous ont prescrite pour sauver notre mère, la Côte d'Ivoire. L'examen a prouvé que cette infection virale de notre mère est causée par certains microbes appelés l'injustice, la violence, la trahison, la haine... le mensonge et la discrimination. C'est pourquoi je vais vous chanter cette mélodie et cette note prestigieuse d'exhortation et de motivation aux enfants de ce beau pays afin d'éviter les erreurs qui nous apporteront la souffrance encore cette nation glorieuse en ces termes :

Nous sommes une génération

De cette glorieuse nation,

Dont nulle ne peut nous diviser,

Devant les querelles et les vices.

Nous sommes une génération

Qui hait la violence et les meurtres

Dans cette glorieuse nation

Les disputes et les querelles

Ne peuvent ni nous morceler

Dans cette glorieuse nation.

Nous sommes une génération

De cette glorieuse nation

Dont rien ne peut stimuler à la violence,

Ni nous motiver à tout détruire sur nos pas

Car nous savons en qui nous avions cru

Dans cette glorieuse nation.

Nous sommes fiers de nous,

Sans crainte et sans doute que,

Nous aurons la victoire sur tous les maux.

Et le monde nous enviera !

Nous sommes une génération,

De cette glorieuse nation.

Qui ne reculera pas devant les situations.

Car nous savons à qui nous avions cru,

Dans cette glorieuse nation.

Nous espérons avec une ferme assurance,

Que la victoire sera pour nous

Devant toute situation alarmante

Et le monde nous enviera !

Nous croyons sur nos chemins

Aucune situation,

Aucun problème,

Et aucun souci.

Ne peuvent guère nous engloutis.

Car nous savons à qui nous avions cru

Dans cette belle nation.

Nous sommes une génération

Dont la solidarité et l'amour sont nos partages.

Nous espérons avec une ferme assurance

Que la victoire sera pour nous certainement

Que la désobéissance civile et la troisième république

Ne peuvent point nous diviser

Dans cette belle nation.

Et le monde nous enviera !

Aux enfants de ce pays : de tous bords politiques et de toutes religions confondues, afin que règnent l'entente, la paix, l'unité et l'amour pour la guérison de notre unique merveilleuse mère, la Côte d'ivoire.

5. **Le meilleur souvenir**

Notre père fondateur de la nation nous a dit avant de nous quitter ici « on ne se bat pas aux cheveux d'une malade ».Mère, c'est le meilleur souvenir que veux te rappeler aujourd'hui dans cette situation précaire qui nous entoure. Les enfants de chez nous ! Les enfants de chez nous n'ont pas cette sauvagerie dans leurs caractères. Cette réaction inhumaine, cette agitation violence comme les bêtes de la nature et cette brutalité ne sont pas dans leur sang. Ils n'ont jamais appris à dévorer, ni à piquer son prochain, à détruire tout sur son passage des bêtes sauvages. Je les connais depuis une dizaine année dans cette belle nation. Cette mentalité vient d'ailleurs et elle n'est pas dans le comportement de tes enfants. Ce qu'ils savent faire bien dans ce pays et dans cette Afrique ; c'est l'amusement. Ils aiment le vivre ensemble, ils aiment chanter, danser dans leurs, ils aiment construire et bâtir. C'est tout ce que les enfants de chez nous savent faire. La souffrance que tu traverse aujourd'hui leur a été imposée. Mais comme le livre saint nous dit : « Ils te feront combat mais jamais ils ne seront pas les victorieux ».C'est pour te dire que tes enfants ne te lâcheront et l'esprit des ancêtres est à leur côté pour que tu sois sauvée dans cette souffrance. C'est l'ennemi qui est à la base de tous les maux que nous subissons. Aie confiance en nous seulement car la haine, la division et la médiocrité ne prennent pas le dessus dans cette belle nation.

Tu me regardes silencieusement comme toutes les autres nations si ma promesse sera une vraie promesse devant le monde. Je te comprends, notre mère de tous les temps. Ce n'est pas du tout aisé pour un fils de briser le lien d'amour entre sa mère et lui. Il y a toujours un honneur qui dessine sur le front d'un homme qui tient à sa promesse. Ma nation, je te vois avec un cœur de joie et de paix. Dès ma naissance, je t'avais fais une promesse que ma force et ma compétence contribueraient sans faille à ton évolution et non pas à ta destruction. Si je te rappelle aujourd'hui, c'est parce que je ne l'ai pas oubliée et je hais que tu me classes parmi tes enfants indignes. Si j'ai oublié cette promesse alors je demanderais qu'on me traite de chien, de fou, et de déshonneur sur mes pas. Tu as trop fait pour moi dans mon existence devant les hommes comme les autres. Tu pouvais me rejeter sans contrainte, sans poursuite judiciaire et sans danger d'enterrer mon nombril ici. Et je le redis avec fierté ce beau nom « ivoirien » ne me sera pas attribué aussi naturellement comme les autres. Mais, c'est au nom de l'amour que tu l'as fait. C'est pourquoi, partout où j'irai apprendre ou entreprendre ; je penserai toujours à toi et je répondrai moi-même cette préoccupation majeure pour faire comprendre aux autres : Pourquoi, sauver notre mère ? Et la réponse n'est si compliquée que ça dans cette période pénible. Tout simplement parce que c'est grâce à elle que je suis un fils de ce pays comme les autres. C'est pourquoi, je ferai le sacrifice suprême pour te sauver aussi demain car c'était ma promesse, mère. Les vagues infinissables de la mer et le battement sans arrêt de mon cœur déjà démontrent que ton amour pour moi est sans fin.

Mon frère et ma sœur, je sais que la tâche ne vous sera pas du tout facile comme moi puis que les ravisseurs et les ennemis sont autour de vous pour mettre le bâton dans vos roues pour dévaster notre cohésion sociale tant attendue. Mais ayez la confiance en vous comme moi en disant ensemble qu'il pleut ou il neige notre mère ne mourra pas dans cet hôpital à Saint-Denis. Ils nous feront la guère, ils nous perturberont pour briser notre promesse commune et notre rêve identique envers notre mère. Mais disons ensemble que « nous vaincrons cette maladie » sur cette voie. Ensuite, seulement ayons le courage de dire cette sublime expression : « Nous ferons tout pour sauver notre mère au bout de cette lutte farouche et pathétique engagée sur notre voie et nous sommes prêts à payer le prix pour la santé de notre mère, la Côte d'Ivoire ». Toutes ces douleurs que nous traversons dans notre environnement et dans d'autres coins ne sont qu'une formation précieuse et un moyen efficace pour réaliser notre rêve envers toi. Tu es notre mère et tu la resteras pour toujours .Je reconnais très bien que tu as œuvré pour nous des sacrifices énormes pour que notre existence soit possible aux yeux du monde et encoure pour que nous puisons avoir une identité aux yeux du monde. Voilà pour quoi, moi particulièrement, je serai toujours à ton côté avec amour véritable dans les hameaux. Je sais et je reconnais que, sans toi, cette vielle carapace froissée et humiliée comme mon identité sera inutile et elle ne sera pas connue par le monde. Mère, de toutes les fées. Je suis et je serai toujours parmi tes enfants dignes aux yeux du monde qui combattront pour garantir ta santé jusqu'à la fin de mes jours.

* *

*

La santé est avant tout le précieux des cadeaux que le Transcendant puisse donner à un être humain naturellement. Notre mère est malade. Elle a une santé délabrée et dégradée due aux médicaments prescrits sans une bonne méthode et sans aucune mesure reconnue par l'Etat. La gravité de sa santé progresse et elle tend vers une position chaotique et insupportable qui peut nous entrainer un deuil national et cela peut mettre en danger et en péril tous les détenteurs de cette entreprise sordide. Dans un premier temps, je vous comprends et je reconnais votre envie de bien vouloir être aussi des sauveurs d'âmes aux yeux du monde. Cela n'est pas une preuve de mauvaise intention mais je vous exhorter à vendre les médicaments reconnus par l'Etat pour mieux préserver aussi la santé de nos patients car la mort n'a pas de remède. Deuxièment, je suis sur les nerfs parce que cela a dramatisé la santé de notre mère dont cela vous écarte de votre noble mission de sauver les patients aussi. Non ! Aux médicaments trottoirs. Non ! Aux médicaments dans les rues car ils ne nous aident pas rarement à soigner notre plaie mais ils la grave imperceptiblement. La preuve en ait que notre mère est sur le lit de mort à cause des médicaments trottoirs et non reconnus par l'Etat qu'elle a reçus avant qu'elle soit conduite à l'hôpital précisément au CHU de Treichville par certains enfants dignes. Alors, pour une entreprise déloyale et sans poursuite est un crime contre l'humanité. C'est pourquoi, je vous invite urgemment à vendre désormais des médicaments reconnus par l'Etat car la santé est un bien essentiel pour tout humain dont nous devons dignement la protéger en tout lieu.

Aux enfants de ce pays : de tous bords politiques et de toutes religions confondues, afin que règnent l'entente, la paix, l'unité et l'amour pour la guérison de notre unique merveilleuse mère, la Côte d'ivoire.

6. **Les messages de l'Ecrivain noir à son frère**

Jeune homme ! Je sais que tu as un cœur perforé et endommagé quand tu vois notre mère frissonnée, secouée et angoissée parce que certains enfants se sont rebellés contre elle. C'est les œuvres de la vie sur nos pas dans ce monde affreux. La vie est faite ainsi. Même mon âme-sœur de tous les temps, s'est rebellée contre moi pour des raisons inutiles que j'ignore. C'est la volonté divine et nous le pouvons guère la chosifier. Pour l'heure, je dirai que ce n'est guère le moment d'avoir la plus grande amertume du monde en voyant état pathétique de notre mère. Non, je ne te conseillerai jamais cela et ni aussi t'encourager de dévaster tout sur ton chemin parce que tu es en colère avec nos frères et avec nos sœurs. Jamais ! Et Jamais ! Je suis trop parfait pour ça. Je te dirai seulement dans ce texte d'inspiration: *Non, à la vengeance ! Non, à la violence* ! *Et non à la haine* car elles ne participent guère à la progression et à l'émergence d'une nation. Jeune homme, comprend aujourd'hui dans cet état de colère qu'il est facile de détruire que de reconstruire ici-bas. On peut prendre un jour pour créer un désert mais mille ans ne suffisent pas pour le reboisement. Je ne suis pas un écrivain dont après avoir lu son roman on rit mais plutôt on cherche sa machette, son gourdin et son arme pour aller réclamer ce qui nous a été pris sans notre volonté et redresser la partie tordue. Il est grand temps pour nous d'enseigner nos propres coutumes, nos propres civilisations, les valeurs vraies africaines et nos totems dans nos écoles et dans nos universités. De l'autre coté du monde, trions-les et enseignons-les .Notre constitution ne doit plus êtres un livre sacré seulement pour nos autorités mais pour tous les enfants d'une même nation. C'est pourquoi nous devons l'enseigner obligatoirement dans nos écoles et dans nos universités pour que tous ses enfants aussi soient informés pour éviter les dérapages fréquents .Alors, si nous devons émerger véritablement dans notre conscience cependant ce livre d'or ne doit plus être un fétiche pour certains mais la nourriture de tous les enfants de cette nation. Oublions tout pour dialoguer pour trouver une solution idoine pour sauver notre nation car les armes sont des mauvais éducateurs et des mauvais conseillers. Mon frère, être de parti politique différent ne signifie pas que nous sommes des ennemis. Arrête cette pensée sordide car tu as fait les bancs. Qui prépare la paix doit s'attendre à la guerre d'abord car les ennemis de la paix sont nombreux dans ce monde. Tu es grand et je sais que tu comprendras ce proverbe demain. C'est ton oncle Ecrivain noir qui te parle actuellement dans ce texte précieux donc soit attentif à ces codes de la vie pour sauver ta dignité de demain car tu restes le seul jeune homme à qui j'ai confiance encore sur cette terre. Jeune homme, on nait jamais alcooliques, ni drogués, ni prostitués, ni fumeurs...et ni voleurs mais on les devient par la volonté. La volonté est une force vitale incontournable pour toute création humaine. Sans volonté, nul ne peut se concrétiser sur nos pas. C'est pour quoi, je dirai toujours de mettre la volonté au devant de tout. En dehors de tout ce que je viens de les relater si je dois ajouter une unique chose encore est que ne faites jamais de fausse promesse à autrui car cela peut capoter ton image aux yeux du monde. Je te connais et je sais que tu ne les oublieras pas. Seule, l'histoire retiendra ces bêtises humaines et la mémoire se souviendra. Un homme respectueux se mérite sur cette terre des ancêtres. Ne faites jamais comme les autres car chaque humain aura sa tombe et son salut. La trahison, l'humiliation...et l'hypocrisie sont innées en hommes. C'est pourquoi, je m'égosille toujours pour vous donner des conseils et je vous conseillerai toujours de prendre la vie de bon côté. N'oubliez jamais que la meilleure promesse est celle promise par Dieu. Accepte souvent la situation telle qu'elle est et bat-toi pour délivrer ta mère aussi qui est en train de gémir dans une situation pathétique au CHU de Treichville. Jeune homme, n'oubliez pas mes conseils. L'élection présidentielle n'est pas égale à la guerre entre nous. Enlevez cette idée obscure dans votre mémoire car l'Afrique a trop souffert sur cette voie. Nous sommes restés tous les deux dans notre famille Kamlé pour perpétrer l'histoire de notre famille. Je sens que tu es vide de conseils pour réussir à ton combat, c'est pourquoi je fais tout mon possible pour te dresser un tas de conseils à chaque temps libre. Il ne faut jamais jeter le manche après la cognée et entre le bois et son écorce, ne mets ton doigt. Et n'oublie pas encore que devant les grands maux les grands remèdes. Sois fier de toi car nul ne viendra t'aimer le premier. Demain, c'est l'élection présidentielle encore en Afrique précisément en Côte d'Ivoire, mon frère.

Pardon ! Détourne-toi du mal et ne prend pas cette période fragile comme un moment de faire les discours de haine et de violence. Non ! Je ne te soutiens point sur cette voie. Pense plutôt à la guérison de cette mère qui crache du sang en point finir sur ce lit de mort. C'est elle qui a ouvert vos yeux comme moi ton frère. Oui, c'est votre propre mère aussi comme moi. C'est la mère de tous les enfants de cette belle nation. Celle qui nous a portés pendant neuf dans un lieu saint et béni pour que nous soyons « Ivoiriens naturels ». C'est elle qui est en train de mourir devant toi et moi aujourd'hui comme un chien de brousse et comme un coquin. La troisième république, la désobéissance civile et l'assaut final sont en train de ronger son corps. Ne restez pas indifférent comme moi, jeune homme. Lève-toi aussi pour sauver notre mère dans cette situation dramatique et pathétique. C'est pourquoi, je vous ferai sortir cette vérité remarquable aux yeux du monde: «Ignore que votre tâche, votre mission et votre combat seront aisés ». Non ! Jeune homme, c'est une lutte implacable et farouche qui vous attend demain sur cette voie de libération. Je sens déjà en vous que vous avez déjà un désir ardent de voir notre mère sourire et sortir dans cette maladie demain. Mais, comprenez que tout sourire incarne le bonheur et tout bonheur nécessite un sacrifice devant le monde. Alors, décidez maintenant de jouer votre part avec mes conseils ! C'est largement suffisant pour vous pour les mieux saisir et les mieux décoder sur votre chemin.

Ensuite, mon frère, ce que tu ne dois pas douter d'apprendre de ma part est que les hommes avec leurs générations passeront sauf le nom de notre nation. Elle reste éternelle. Celle qui s'est livrée pour que vous puissiez avoir une nationalité aux yeux du monde ; c'est elle qui souffre aujourd'hui sous vos yeux. C'est cette belle mère qui traverse des difficultés aujourd'hui devant toi et moi. Je suis moi-même aussi frappé par la tristesse et l'angoisse aussi en voyant ses souffrances se propagées dans toutes les contrées de la région car elle a été toujours généreuse envers nous. Je te dirai devant le monde aujourd'hui que ses larmes sont mes larmes et ses souffrances sont mes souffrances aussi .Et toi, mon frère? C'est ce que je veux que tu entendes, jeune homme. Jeune homme, ce que je voudrais que vous sachez encore dans cette période d'amertume et d'angoisse est que « les enfants de la maison ne peuvent jamais lâcher et aller contre leur mère ».Même la nature n'aurait pas accepté cela. Je sais que ta sagesse te permettra de décorder ce proverbe.

C'est pourquoi, j'avance mes propos pour te redire en exemple que si le Président Macron se bat sans relâche, c'est pour rehausser encore d'avantage l'image de la France qui a ouvert ses yeux et non pas pour la faire boire le poison. C'est pareil pour ceux de l'occident. Mais, jeune homme ? Quel est le sens premier de ton combat que tu mènes nuit et jour ? Quel est le sens de votre démission brutale sur cette voie aux yeux du monde ? Est-ce pour anéantir notre mère ? Est-ce pour dévaster notre mère à tous, la Côte d'Ivoire ? Je pense bien que vous ne pouvez pas avoir ses idées médiocres pour celle qui nous a ouvert nos yeux parmi les mères du monde. Je vous connais depuis votre enfance et je connais même la moitié de votre vie. C'est douloureux quand tu vois un peuple innocent partir en fumée, mon fis. Il faut avoir le cœur pour supporter l'humiliation si non c'est la dérive sur tes pas. Reste toujours un modèle pour tous ceux qui t'entourent. Je sais que vous ne ferez guère le contraire de ce que je sais actuellement .pour celle qui nous a choisis au nom de l'amour véritable devant les mères du monde. Le Sénégal a fait pour Senghor et d'autres encore. Je sais que vous ne pouvez guère la remercier avec la haine et le sang, jeune homme. Je refuse que vous fassiez cela même si vous avez été blessé profondément. Tout se pardonne et tout se négocie ici-bas. Tout ce que je veux de vous actuellement, que ta force participe à sa délivrance et à sa guérison comme les autres le font pour leurs mères. Jette ta colère dans la mer jeune homme, jetez ton arme dans cette forêt dense et oubliez la haine contre vos frères et vos sœurs, Jeune homme. Et dit en fin devant le monde aux autres que : « Trop, c'est trop, oublions ce passé tragique, caillouteux et humiliant dont nous avions tous traversé et embrassons maintenant l'amour, le dialogue ...et la cohésion sociale pour reconstruire notre nation nouvelle au nom de la paix». Et je suis très rassuré moi Ecrivain noir comme d'habitude que tu agiras de la sorte demain devant le monde entier sur cette voie qui donnera une nouvelle image à notre belle nation.

Aux enfants de ce pays : de tous bords politiques et de toutes religions confondues, afin que règnent l'entente, la paix, l'unité et l'amour pour la guérison de notre unique merveilleuse mère, la Côte d'ivoire.

7. La note inoubliable

...Mon fils, ma fille et toute la nation entière, je vous demande pardon d'oublier pour tout ce que nous venons de traverser douloureusement sur notre terre. Cessez vos larmes innocentes et écoutez ma voix : Houphouët Boigny nous a dit ici dans cette belle nation avant de rejoindre les ancêtres en ces termes : « On ne se bat pas aux cheveux d'une mère malade ».Aujourd'hui, c'est comme il a prêché dans le vent de nous quitter cruellement. Depuis qu'il est parti de l'autre côté du monde, nous assistons à des barres infinis entres les frères et des sœurs de même contré pour un seul héritage commun. Cela a donné une vilaine image à notre paix et notre cohésion aux yeux du monde pourtant nous sommes tous les enfants cde ce pays. Les gens du Nord voient les gens du Centre comme leurs ennemis et ceux de l'Ouest voient les gens de l'Est comme des diables pour une question d'héritages et de biens. Le pays est le bien commun de tous dont nous avons tous le devoir de le bénéficier et de l'aider à grandir. C'est vrai qu'elle a été fricassée et fracassée par des balles. Actuellement ou je parle elle doit être transférée à Paris dans un hôpital à Saint-Denis. Tout ce qu'elle a comme biens ont été dépouillés et emportés par les affres de la désobéissance civile et les vents de la troisième républiques dont le seul objectif pour nous qu'elle attend dans ce moment crucial est de la laver, de la rhabiller et la pommader pour qu'elle puisse avoir une nouvelle odeur plus agréable qu'avant. Si nous changeons de mentalités et nous nous mettons l'amour véritable devant comme des auteurs alors la paix reviendra quelque soit le temps. Quand un écrivain écrit, il n'écrit pas pour sa famille seule, il écrit pour toutes les races, pour toutes les ethnies et toutes les langues. C'est çà le vrai amour.

Pourtant, on a l'impression que cela est contraire chez nos dirigeants surtout en Afrique. Quand ils viennent aux pouvoirs, ils viennent pour leur famille, ils viennent pour leur camp, ils viennent pour leur religion et ils viennent pour leur parti. Voilà tout ce que nous devons se sacrifier pour éradiquer pour l'avancement propice d'une nation car elle renferme de nombreuses religions, de partis de familles et d'ethnies. Elle a besoin de nos forces communes et de nos compétences identiques pour survivre. Un seul arbre ne peut guère former la forêt et le désert est constitué uniquement du sable, mes enfants. Union de l'arbre et le désert sera une abomination car les deux ne peuvent pas former le désert. J'espère que vous êtes mûres pour comprendre ces proverbes parce que nous devons à coup sûr réaliser ce projet fort que le monde attende de nous : celui de réconcilier tous les enfants de ce pays pour que notre mère sorte de cette maladie virale. Les populations en larmes de cette belle nation. Vous avez une note inoubliable de la part de notre gouvernement. Cessez vos larmes car notre mère ne mourra pas dans cette situation précaire qui nous entoure. C'est vrai que nous avions entendu des mots effrayants, brûlants et révoltants dans cers dernières années dans notre pays : « La désobéissance civile, il n'ya rien en face, un coup K.O et le gouvernement de transition ».Tous ces mots ont perturbés notre mémoire, notre tissu social et notre paix entre tous les enfants de ce beau pays. Vos larmes sont justifiées parce que vous ne voulez guère le pire pour votre mère. Je sens votre amour aussi fort pour la Côte d'Ivoire comme moi l'Ecrivain noir.

Mais je vous dis avec compassion d'arrêter de verser vos larmes car j'ai pris vos douleurs et vos demandes en tant que le porte-parole du peuple pour aller déposer sur la table du nouveau ministre de la réconciliation pour que nous trouvons définitivement une solution idoine de notre problème actuel pour que trous les enfants de ce pays retrouvent leur vivre ensemble et leur cohésion sociale d'avant dans cette nation car nous ne pouvons rien faire sans la paix. C'est pour quoi, je vous demande de suivre attentivement notre échange lorsque j'étais allé le voir dans son bureau car les Camerounais, les Français, les Japonais, les Chinois et les Sénégalais nous regardent si nous arriverons au bout de ce tunnel. Monsieur le ministre de la réconciliation nationale. Soyez la bienvenue ! Ma présence dans votre bureau signifie beaucoup de choses. Face à la situation précaire dans la quelle les Ivoiriens vivent aujourd'hui. Je suis venu en tant que le messager du peuple pour échanger sur la question de la réconciliation nationale dont les enfants de ce pays attendent grandement pour construire ensemble notre nation.

-Merci, mon frère !. Je suis ravi de vous recevoir dans mon bureau. Oui, j'ai été nommé pour faire cette foi-ci la réconciliation vraie que tous les enfants de ce pays attendent pour vivre en paix. Notre père fondateur de cette nation nous a dit dans son proverbe « qu'on ne se bat pas aux cheveux d'une mère malade ».Mais hélas ! Les frères se sont battus aux cheveux d'une mère maladie. Aujourd'hui, il est question de trouver les moyens efficaces pour sauver notre mère des querelles. Je suis nommé pour réconcilier cette année tous les enfants de cette nation pour chasser la haine et la division.

-Je suis ravi monsieur le ministre. Mais êtes-ce vous sûr que nous allons nous réconcilier vraiment dans cette belle nation ? Parce que cela fait des années que ce chant n'apporte rien aux enfants de ce pays.

-Vous avez raison. Mais cette foi-ci c'est une vraie réconciliation que vous boulons faire dans ce pays. Je suis venu pour éradiquer tout dans cette nation. Toutes les demandes seront traitées pour mettre fin à cette vie médiocre. Nous avons une même nation et nous devons tous faire ce qui nous apportera la paix demain.

-Super, monsieur le Ministre de la réconciliation. Nous voulons un climat de paix pour notre nation. Je pense bien que tout ce que nous allons nous dire aujourd'hui dans vitre bureau, vous transférez demain à votre envoyeur car c'est les vœux de mon peuple.

-Effectivement, mon frère. C'est la paix que nous volons tous dans ce pays donc nous ne devons refuser de faire ce qui peut nous apporter la vraie paix pour les enfants de cette nation. Nous voulons tourner la page de cette sombre histoire que nous avions tous traversée. La présidentielle n'est pas la fin du monde. Nous assistons aujourd'hui dans ce beaux pays que les enfants de cette nation se regardent comme des chiens et des chats. Ce qui n'est pas du tout bien pour nous. L'ivoirien nouveau n'a plus son sens dans ce monde. Nous devons tous changer de mentalités et chosifier nos paroles. Nous devons enlever tous les esprits de la méfiance et de haine dans notre mémoire et briser les esprits de la division pour construire ensemble de cette belle nation car elle est l'héritage de tous les enfants de ce pays et non pour un clan.

-Vous avez effectivement raison monsieur le ministre de la réconciliation. Trop c'est trop. Prenons les voies justes pour réconcilier les enfants de ce pays. Si la réconciliation nationale a perduré dans ce pays, c'est parce que les chants sur ce thème sont chargés de l'hypocrisie. Alors, si cette année, vos chants de réconcilier les enfants de cette belle nation ne sont pas chargés de l'hypocrisie aussi, je pense bien que nous allons atteindre cette vison finale.

-Vous me pointer du doigt ?

-Non, monsieur le Ministre ! C'est un signale. Mon peuple m'a dit ce qu'il veut pour apaiser leurs cœurs perforés !

-Quoi ? De l'argent ?

-Monsieur le ministre, ce n'est pas tout que l'argent peut faire. L'argent peut panser une blessure personnelle mais jamais l'argent peut panser aux blessures d'un peuple. Tout simplement pour dire que l'argent ne peut guère nous réconcilier donc soyons loin de dire distribuer des fortunes pour corrompre. On peut une personne, deux personnes voire une ethnie mais jamais un peuple.

-Maintenant livrez-moi le message de votre peuple ! J'ai besoin tous les vœux car je veux une réconciliation vraie dans cette nation cette année.

-Ok. Le peuple m'a chargé de vous dire en tant que ministre de la réconciliation nationale de libérer tous les prisonniers politiques de cette nation. Pas les voleurs et les criminels mais les prisonniers politiques pour qu'ensemble on puisse tourner la page de notre histoire sombre. C'est la seule voie, la seule option et le seul chemin qui peut nous donner une réconciliation vraie dans cette nation. Voici les vœux de mon peuple !

-Ok. J'ai bien saisi votre message. Je pense bien que c'est un message fort. Je veux faire remonter le message et venir vers vous car nous avions besoin la paix dans cette nation.

-Monsieur, nous avions dit ce que nous voulons pour que le vivre ensemble revienne dans cette nation. Faire la paix est un sacrifice si vous voulez que les enfants de ce pays retrouver leur climat de paix avant nous devons tous faire des sacrifices parce que dans ce pays, si nous voulons aller trop loin dans cette histoire, la réconciliation sera en vain car nous venons tous de loin depuis que notre père fondateur nous a quitté.

-Vous avez raison ! Alors, je vais apporter votre message.

-Dis-leur que c'est la seule option pour que les enfants de cette nation se réconcilient dans cette belle nation définitivement.

-Compris, mon frère ! Je suis vraiment ravi de cet échange qui apportera quelque chose de grande à notre nation.

-Nous vous attendons pour la suite des évènements !

-Vraiment, merci ! Nous ferons notre effort.

-Merci à vous aussi mon ministre. A bientôt !

-Rencontrez bien !...

* *

*

Je crois en vous des démonstrations judicieuses et classiques qui montrent déjà que notre mère a des élites sur cette terre des hommes et l'infection virale dont elle souffre selon les docteurs en question pourra passer forcément si nous regardons dans la même direction. Oui ! Oui ! Oui ! C'est un bon secret. Mais attention, mes enfants sur votre voie car la maladie de notre mère est contagieuse. Soyez prudents et sages pour éviter la contamination de ce virus pour la déviation dans cette lutte. Je sais que ça ne sera pas facile pour vous puisque c'est une lutte à la min nue mais jouez votre partition devant le monde pour monter à notre que vous l'aimer de tout cœur. Quant à moi, je mène un combat de façon classique en vous orientant par mes écrits à chaque fois que vous vous tromperez de voies à suivre dans ce combat de guérison. Couchée sur le lit de l'hôpital en France en train d'agoniser, celle qui nous a ouvert nos yeux, elle attend nos participations pour que sa guérison soit totale dans ce monde et pour qu'elle puisse bien respirer le bon air pour l'honneur de tous les enfants de ce pays. Je compte sur vous car vous êtes encore jeunes.

-Compris, papa. Nous allons nous lever en un seul corps pour sauver notre mère de sa maladie. Je suis l'aîné et je parle au nom de mes frères.

-Merci, mon fils. Tu es un fils d'honneur. C'est votre bataille car nous sommes déjà vieux. Je crois que tes sœurs et tes frères te comprendront demain ?

-Oui, nous avions déjà échangé sur cette préoccupation une fois concernant la maladie de maman. Chacun m'a déjà dit qu'il jouera sa participation.

-Compris, mon fils. Que Dieu vous accompagne dans cette lutte salvatrice. N'oubliez pas mes conseils évoqués, dressés dans ce roman car ils vous aideront énormément ?

-Compris, papa. Notre mère ne mourra pas. Cette infection virale trouvera un remède à tout prix par nos efforts. Elle a été transférée en France à cause de la gravité de sa santé.

-C'est vrai, mon fils ?

-Oui, papa. Hier dans le premier vol sur la France. Nous sommes en de mobiliser pour aller la sauver.

-Je serai ravi d'entendre cette bonne nouvelle demain.

-Fait-nous confiance seulement, papa. La situation ne se déjeunera pas mais elle changera à coup sûr...

-Tu es sûre que notre mère ne mourra pas ?

-Oui, papa. Elle ne mourra pas. C'est Dieu qui décide et non pas les hommes donc ayons la foi. Ils auront une honte de vingt kilogramme dans leur camp car c'est notre volonté que le Transcendant écoutera.

-C'est notre souhait à tous. Le monde nous regarde grandement sur cette affaire pressante.

-Oui, mais ayons la foi seulement. Seule Dieu a le dernier mot. Notre nation ne mourra pas. Elle n'a rien fait de mal à ses fils et à ses filles.

-Mon fils, je te comprends. La foi peut tout faire. Je crains pour notre mère sur cette voie. Je ne veux pas qu'elle nous quitte maintenant car elle est encore jeune.

-Ils vont se ressaisir et tout ira mieux demain, papa.

-C'est notre souhait car nous ne voulons plus les déchirures amicales et fraternelles dans la même nation...

-Mon fils, je suis ton père et je le serai pour toujours dans ce monde.

-Oui, papa. Il facile de détruire que de construire sur nos voies. La preuve en ait que voilà notre mère qui sanglote aujourd'hui.

-Alors, comprend cette phrase idoine et forte : Devant la douleur ou la blessure, un homme à trois choix, mon fils.

-Les quels, papa ?

-Très bien, mon fils. Tu es sage. Les trois choix sont : la justice, la vengeance et le pardon.

-C'est vrai, papa. Tu es encore sage. Alors, quel choix pour nous actuellement face à la situation alarmante de notre mère?

-Rien que le « pardon » car il désarme les cœurs blessés et perforés. Alors, que tous les ivoiriens sachent que sans le « pardon » notre mère mourra et nous périront tous donc nous devrons faire ce sacrifice suprême pour pardonner les uns les autres pour sauver notre généreuse mère.

-C'est vrai, papa. Nous allons faire passer ce message à travers le pays que nous devrons se pardonner car les hommes passeront sauf notre nation.

-Tu as tout compris, mon fils. C'est votre combat car je suis avancé de l'âge. C'est vous les jeunes générations qui devrez sauver notre mère car votre sang est encore vif alors ne vous laisser berner par cers faux fruits de ce rônier.

-Compris, papa. Je communiquerai ce message fort aux populations demain à la réunion et je leur dirai l'oligarchie n'est pas du bien pour une nation.

-Merci, mon fils. Que Dieu vous soutien dans ce noble combat avec le diable mais n'oublie jamais de dire aux autres que « seul le pardon » soigne les cœurs blessés et perforés...

-Merci, papa. Je ne manquerai guère de leur informer dans toutes les régions à travers les médias car nous ne voulons pas un deuil national sur nos pas dans ce beau pays. Nous allons sauver la réconciliation nationale pour la paix des Ivoiriens.

Aux enfants de ce pays : de tous bords politiques et de toutes religions confondues, afin que règnent l'entente, la paix, l'unité et l'amour pour la guérison de notre unique merveilleuse mère, la Côte d'ivoire.

8. La causerie entre le petit blanc et l'Ecrivain noir

Je me souviens le jour où je partais à Saint-Denis pour voir la santé de notre mère dont les médias en parlent négativement. J'ai eu la chance d'être côte à côte dans l'avion avec un petit blanc. Curés comme ils sont, après une heure de vol, il me fixa dans mes yeux et il me demanda : « -Bonjour, monsieur. Veillez m'excuser pour le dérangement. Votre visage me dit quelque Chose. C'est vous l'Ecrivain noir ?

Et je lui répondis :

-Oui.

-C'est super ça. Vos romans : A qui la faute ? Et Ma déesse vit ailleurs ont séduit le monde blanc dont votre nom est partout en Europe. Tu es vraiment formidable. Je ne croyais pas que qu'un jour, je vous rencontrerai. J'aime les jeunes penseurs et savants.

-Merci. Je suis ravi de votre appréciation. Je continue de créer mes romans car c'est un don de Dieu. Je suis en train de terminer mon cinquième ouvrage qui est Ma nation, Voici ma part !

-Vous êtes vraiment fort. Je n'imagine pas qu'un jour, je vous verrai face à face l'auteur de Ma déesse vit ailleurs. Ce titre est super.

-C'est la volonté de l'hoe. Nous allons faire notre part en sensibilisant le monde que la haine, la vengeance... et la guerre sont les moteurs d'un grand retard.

-C'est vrai .Mais une question ?

-Vas-y, mon petit. Nous sommes dans l'avion dont nous pouvons échanger jusqu'à la destination.

-Est-ce que tu aimes « les blancs » ?

-Mon petit, ta question est lourde. Mais tu auras ta réponse toute suite. Je les aime et je les aimerai dans toute ma vie et même dans mon tombeau.

-Pourquoi, Ecrivain noir ?

-Je les aimerai parce qu'ils aiment créer, ils aiment inventer et c'est eux qui ont compris à mon avis dans ce proverbe « Baéfouè ô dièwa »

-C'est quoi ce proverbe ? Vous pouvez me traduire maintenant en français ?

-Non, mon petit. Plus tard. Ne sois pas trop pressé dans la vie. Laisse le temps fait son œuvre.

-Mais, c'est quelle langue ça, Ecrivain noir ?

-C'est dans ma langue maternelle. Nous devons tous valoriser nos langues maternelles.

-Super. Tu aimes vraiment notre identité, Ecrivain noir ?

-Oui. Mais et toi, mon petit ?

-Je me norme Carmel. Je n'aime pas la votre parce que l'éducation de chez vous me semble médiocre dans son ensemble car, à dix-huit déjà ils savent tuer, ils savent piquer et ils savent arnaquer plus que de travailler pour devenir des vraies élites. Je hais cette jeunesse noire. Mais le plus pire encore est qu'ils sont sans métier, sans projet voire délaissés. Chez nous, tu trouveras rare les jeunes sous la couverture de leurs parents à ce stade-là. Mais chez vous, c'est assez.

-Je suis d'accord avec toi. C'est une bonne remarque car nous avions vu ici ces œuvres   par les médias. Mais ce n'est pas tout le monde qui est sur cette voie de perdition. Certains ont compris maintenant que l'éducation est avant tout.

-Oui. Comme vous par exemple. Vous me plaisez. Vous êtes sage et vous avez un esprit créatif très fort. J'ai une grande sœur qui fait ses études à l'université de Paris, elle n'est pas encore mariée. Je vais lutter pour vous pour qu'elle devienne ta Déesse.

-Merci, Carmel. Tu aimes vraiment mon affaire. Comme tu penses à moi énormément malgré cette courte rencontre alors je te donnerai ce proverbe encore pour te guider demain sur tes pas.

-OK, Écrivain noir .Donnez-le moi.

-Mon petit, la vie est un sacrifice. L'Afrique à un second espoir de purifier ses âmes avec l'Ecrivain noir pour produire des fameux fruits pour un changement harmonieux. Carmel, n'oublie pas ce proverbe que je vais te donner aujourd'hui devant le monde. Je peux compter sur toi ?

-Oui, Écrivaine noir.

-Ok. Donc je te le donne maintenant : « Carmel, l'amour se vit. Le jour où tes enfants que tu les aimeras autant. Si l'un est malade que c'est ton pire ennemi qui doit le soigner pour qu'il puisse guérir, Comment ferai-je ?

-Je ne sais pas, Ecrivain noir.

-Très bien. Je te dirai ainsi: fait-le à cause de l'amour de ton enfant. Et si tu le refuses parce que c'est ton ennemi, c'est que tu n'as jamais aimé ton enfant car la vie sauve d'une personne vaut mieux qu'un ennemi ».As-tu compris ?

-Oui, mais c'est plus fort que moi ce proverbe. Et j'ai bien compris maintenant ce que tu voulais me dire.

-C'est la vie, Carmel. C'est l'ignorance qui nous tue souvent dans ce monde caillouteux et affreux dont chaque jour l'amour entre les humains se rétrécit. Sans sacrifice et aucune élévation. As-tu compris ?

-C'est vrai, Ecrivain noir. Tu es fort. Je ferai tout pour que ma sœur blanche du nom de Murielle t'épouse. Je ferai tout mon possible pour que vous deveniez « mon beau » pour bénéficier vos secrets.

-C'est vrai, Ecrivain noir. Et la santé de votre mère ?

-Mais, qui t'a informé que notre mère est malade ?

-Ecrivain noir, répond à ma question d'abord avant de poser la sienne.

-Tu as raison, Carmel. Tu m'as fait la morale aujourd'hui dans cette rencontre incertaine. Je n'ai aucune idée sur la santé de notre mère actuellement. Je ne sais pas ce qui m'attend devant. C'est maintenant que je parte la voir J'ai été informé qu'elle a été transférée en urgence en France précisément à l'hôpital de Saint-Denis.

-Han, Ecrivain. « Améyako ». Faites tout pour sauver votre mère pour votre honneur.

-Merci. Depuis quand, blanc parle le Baoulé Carmel ?

-Nous sommes curieux, Ecrivain noir.

-C'est vrai. C'est notre combat. Mais, le plus grave actuellement est que certains enfants sont en train de renier leur mère. Nous sommes en train de leur appeler à la solidarité et à l'union.

-Est-ce qu'ils vont comprendre, Ecrivain noir ?

-C'est notre souhait et notre prière car un enfant ne doit jamais oublier qu'il a une mère biologique.

-C'est vrai. Tu es sage et très super. Mais tu es aussi un fou !

-C'est Dieu qui me l'a donnée, Carmel. Mais je ne suis pas d'avis avec toi sur ce point. De quel fou tu parles ?

-Un fou comme les autres, Ecrivain noir.

-Je t'arrête, mon petit ! Le respect est avant toute chose. Moi, Ecrivain noir est comme un fou ? Je vais te contredire pour que le monde comprenne mon genre de fou dont tu l'ignores. Je suis un fou qui réveillera une masse d'élites dormante dans un lieu ténébreux. Je suis un fou dont ma voix apportera la lumière au monde. Je suis un fou qui fait et fera la fierté d'une famille et d'une nation. Je suis un fou qui arrachera dans les mémoires de mille mondes un poison pour éviter leur mort collective et évangélisera un monde dormant dans les obscurités pour vire sous la lumière mais pas comme les autres qui mangent dans les poubelles. As-tu compris, Carmel?

-Oui. Tu es fort, Ecrivain noir. Je ne m'attendais pas à cette démonstration.

-C'est ma mission. Et je voulais que le monde sache que les écrivains le sont aussi différemment puisqu'ils parlent seuls, ils causent seuls, ils écrivent seuls...et ils communiquent seuls...

-Vrai. Vous êtes un ange et trop sage.

- C'est Dieu qui me l'a donnée, Carmel.

-Tu es marié, Ecrivain noir ?

-Pas encore. En Afrique, la pauvreté, la mauvaise gestion des dirigeants et le manque d'argent font que nous ne prenons pas vitre nos responsabilités. Tu veux que je sois « ton beau »?

-Oui, Ecrivain noir. Je vais convaincre mon père et ma mère sur cette affaire ; et elle t'épousera car tu es très sage. Si votre politique change, vos jeunes auront la paix et ils pourront réaliser leurs rêves demain et leurs mauvais caractères cesseront avec l'immigration clandestine en Afrique.

-C'est vrai, Carmel. Ils savent bien que c'est à cause de la mauvaise gestion en Afrique que l'immigration clandestine s'accroit lourdement. Dieu les touchera et ils changeront un jour pour le bonheur de l'Afrique. L'avion est position d'atterrissage donc on continuera le reste de notre échange par le téléphone.

-Compris, Ecrivain noir.

-Donc tient mon numéro : + 225 88.19.20.18.Et le tien ?

-Quant à moi, je suis au +33 39.40.20.19.20

-Merci, Ecrivain noir.

Aux enfants de ce pays : de tous bords politiques et de toutes religions confondues, afin que règnent l'entente, la paix, l'unité et l'amour pour la guérison de notre unique merveilleuse mère, la Côte d'ivoire.

9. Les conseils d'Ahoudan à son fils

... Mon fils, ce que je te dirai aujourd'hui en tant que maman dans cet hôpital tôt ou tard, tu verras les œuvres réalisées dans ta vie donc comprend-le et médite-le nuit et jour pour ne pas l'oublier. Je suis ta mère biologique et parmi mes enfants, c'est toi que j'aime autant. J'ai tout accepté comme humiliations et souffrance pour que votre existence soit possible si non vous n'auriez pas eu ce beau nom « Ivoirien ». Mais parmi vous, certains n'ont pas été reconnaissants que je sois leur propre mère puisque malgré mes bienfaits, ils veulent me dévaster aux yeux du monde aujourd'hui. Ils ont oublié mes souffrances de neuf mois et mon emprunte sauf toi et quelques uns. La preuve en ait que dans cette maladie, tu es au devant de tout. C'est toi l'aîné et c'est toi qui me soutiens beaucoup dans cette maladie, c'est pour quoi, je te parle de tout et je te donne tous les secrets d'une vie paisible et longue dans cet hôpital. J'ai peur que tu sois maltraité et tu échoues dans cette lutte farouche qui t'attend demain.

Je ne souhaite pas mourir dans cet hôpital mais la décision ne vient de moi. Le combat de la libération de tes frères doit être une sommation pour toi. Cette infection virale se propage dans toutes les parties intimes de mon corps et dans mes veines. Je doute de ma guérison car tous les médias de toutes les contrées de la région en parlent de mon état précaire actuel. Je m'inquiet beaucoup pour toi dans cette lutte mais rassure-toi que ces éléments ne peuvent guère te tuer. Tu as ma bénédiction pour réussir cette mission pénible et rassure-toi que votre mère ne meure pas à cause de votre détermination et votre courage.

-Comprend, maman. Ma nation ne mère pas car elle a des intellectuels pour la sauver de cette infection virale pour qu'elle puisse respirer bien. C'est notre mère à tous. Je ferai tout pour que mes frères et mes sœurs comprennent l'ampleur de ce mal. Et ensemble, nous sauverons notre mère.

-Merci, mon fils. Tu es un enfant digne. Tu n'es pas comme les autres qui fuient leur mère parce qu'elle est malade ou bien à cause de l'argent.

-Maman, tu as trop pour moi. Ton combat est mon combat et ta souffrance est ma souffrance devant le monde.

-Merci, mon fils. Rien ne pourra t'arriver car je serai toujours avec toi. Laisse ceux qui veulent se rebeller faire leurs œuvres d'inconscience car ils auront leurs récompenses car une mère reste une mère quelque soit son erreur parfois mais jamais ses droits ne soient bafoués par ses enfants.

-C'est vrai, maman. Si nous voyons les enfants agirent aujourd'hui bizarrement, cela sous entend que la bonne éducation ne passe plus dans nos familles. Un enfant mal éduqué est un danger public pour l'Etat et ses biens. Alors les parents doivent agir pour jouer leur rôle. L'heure de partir informer les autres. Je leur dirai en ces mots : la tête dans l'émergence et les pieds dans les traditions car l'Afrique restera l'Afrique malgré tout.

-Tu es devenu très sage, mon fils ?

-Oui, maman. La foi sauve mais l'amour construit. On ne peut jamais maintenir la paix avec la violence mais avec le dialogue. La bonne éducation est le ciment d'une évolution nationale prospère. Nous ferons notre possible pour sauver notre mère car elle est unique dans notre vie.

-Tu sais, mon fils ? Avant de continuer à discuter sur la santé de notre mère. Je vais te dire qu'il faut toujours continuer à écrire car il n'ya de récompense sans souffrance. Attrape toujours ton cœur et bat-toi car c'est ton honneur qui est en jeu devant le monde. Je suis très fière de toi. Ta souffrance a donné un grand honneur à toute une famille et à toute une nation. Mais de grâce, tu reste le seul trésor de la famille. Si tu ne le sais pas je te le dis aujourd'hui. Ne cherche pas à devenir le premier Ministre dans ce pays. Nous avons envie de te voir longtemps dans cette famille. Les premiers Ministres de ce pays ne durent plus comme avant. Pardon ! Si tu déjà eu cette idée sur ce poste alors il faut te faire délivrer auprès d'un guide religieux pour que cet esprit te libère car je t'aime. Les temps ne sont plus comme avant. Tout a changé à l'absence de Félix Houphouët Boigny. Les autorités meurent comme des moutons destinés à la fête de la Tabaski. Ne met point des pieds dans la gueule du loup car notre famille ne veut plus plonger dans le deuil encore. Nous avions assez souffert dans ce pays. Humiliation sur humiliation. Nous les avions vécues devant le monde. Aujourd'hui, grâce à Dieu ; Tu es un Directeur dans une société de la place. Reste à ce poste et ne cherche pas à devenir premier Ministre sinon, tu partiras vite de l'autre côté du monde et notre famille s'effondra. Pour l'amour de Dieu, il faut me comprendre avant toute chose. Si comme c'était avant, je pourrais te motiver à devenir premier Ministre dans ce pays super. Mais avec tout ce que nous avions assisté dans ces derniers temps aux yeux du monde, e ne te conseille jamais de prendre cette voie. Même mon ennemi pire, je ne peux guère lui conseiller d'aller d'avoir pour ambition premier ministre dans ce climat actuel en moins que les choses changent positivement comme avant .Contente-toi de ce métier que tu as actuellement. C'est un travail noble que tu fais pour le perfectionnement du monde. La douleur n'est pas une fatalité pour les lutteurs sans déception. Tu portes le drapeau de toute l'Afrique en te surnommant « Ecrivain noir ».C'est une fierté pour notre famille et pour l'Afrique. J'en suis fière de toi mon fils et tu n'auras jamais la honte demain.

-Merci, maman. Je suis ravi de tes conseils. Nous ne comprenons plus rien ce qui se passe dans ce beau pays. Les tueries sont devenues comme un jeu pour ces personnes. Les choses vont de mal en pis. Nos ennemis sont devenus plus que nos amis dans notre pays. La politique africaine n'est plus un simple jeu dans nos pays mais une guerre entre les frères et les sœurs. Cette déviation est due par les paroles de nos dirigeants politiques et non par les messages des populations. S'il y a un peuple rebelle classique dans un pays ; c'est nos autorités car c'est elles qui ne respectent pas leurs paroles sinon les populations ont été toujours bons et justes. Nous avions mal copié sur l'occident.

-Mon fils, tu as pleinement raison. La vie est faite ainsi. Seul Dieu peut tout changer. Je joue mon rôle de femme en te donnant les conseils. Nous sommes épuisées de se battre pour la place de la femme dans notre société africaine. Je pense bien qu'ils sont en train de comprendre maintenant. Je ne suis pas comme certaines...

-Oui, je suis parfaitement d'accord avec toi.

-C'est vrai, mon fils. Va en paix. Soyez unis pour sauver votre mère car c'est votre guerre à tous et si elle meurt, sa mort peut endommager beaucoup de choses dans votre vie car vous êtes encore des jeunes pleins d'avenir.

-Merci, maman. Je leur dirai que la violence ne peut rien construire et bâtir une nation.

-Ok, mon fils .Ne craignez pas car la victoire est à votre côté parce que c'es un combat noble que nous menez aux yeux du monde. Ayez le courage de surmonter aux mots que nous attendons maintenant comme la désobéissance civile et la troisième république. Il ne s'agit de tendre le couteau à notre mère.

-Merci, maman. Je sais bien que c'est notre mission et notre combat dans cette affaire.

-Oui, mon fils. C'est le vôtre. Soyez rassuré que ce combat sera une victoire écrasante aux yeux du monde car Dieu ne défend point les assassins. N'ayez pas peur car c'est un combat noble pour que les enfants de pays vive en paix. Les dégâts humains ont été trop dans ces derniers temps. Nos autorités tombent comme des mouches pourtant elles ne sont pas gravement malades. Je le redis encore ici. Hier, c'était Amadou Gon, Wattao et Diby Koffi Charles que j'aime autant. Aujourd'hui, c'est le tour d'Hamed Bakayoko. L'ami des pauvres et les innocents. Nous sommes dans l'inquiétude totale car cette destruction massive nous étonne et traumatise lourdement. Les deuils se multiplient comme les matchs de football. Nous n'avions jamais, jamais et jamais assisté ces choses étonnantes, incompréhensives et cruelles dans ce pays même au temps de notre père fondateur de la nation feu Félix Houphouët Boigny. A qui la faute ?

-Maman, je ne peux pas répondre à cette question. Elle est lourde et forte pour moi. Seul Dieu sait et connait des destructeurs. J'aimerais en profiter cette occasion pour dire aux assassins de ce monde en ces termes : Tuez ! Vous serez tué aussi un autre jour car la mort est un diplôme que tous les humains illettrés et lettrés seront admis avec le temps.

-Merci, mon fils. Tu parles bien maintenant ?

-Oui, maman.

- N'oubliez pas que les ancêtres sont à votre côté car c'est une lutte noble.

-Merci, maman ! Compris !...

Aux enfants de ce pays : de tous bords politiques et de toutes religions confondues, afin que règnent l'entente, la paix, l'unité et l'amour pour la guérison de notre unique merveilleuse mère, la Côte d'ivoire.

10. **L'image de la Côte d'Ivoire nouvelle**

C'est avec un grand plaisir et une joie immense que je vous parle ces mots aujourd'hui devant le monde sur la préoccupation de la Côte d'Ivoire nouvelle. Non ! Non ! Non ! Et Non ! Il ne s'agit pas des routes et des panneaux de signalisations partout dans le pays. Cette nouvelle Côte d'Ivoire dont nous chantons matin et soir dans les médias doit tourner autour des grandes décisions qui profiteront tous les enfants de ce pays. Un bon changement doit profiter tous les enfants de ce pays dans tous ces états. C'est pourquoi, Pour mon amour pour ma patrie ; j'ai fait mon sacrifice suprême pour présenter ma part sur la nouvelle image de mon pays. Cet échange harmonieux dont je parle ambrasse les chemins les plus nobles et les plus lumineux qui nous aideront sans doute d'atteindre ce rêve commun qui le bonheur. Je ne serai pas très long dans ce débat.

-Bonjour monsieur Gaspard, je suis ravi de vous voir ce matin sur ce plateau. En fait, notre discussion va centrer sur la question de la nouvelle nation que nous voulons tous aujourd'hui dans cette nation. Sois le bien venu dans cette radio de la paix.

-Merci, mon frère. Je suis très content d'être l'invité de cette émission importante pour tous les Ivoiriens. Car l'heure est venue de passer à une vitesse supérieure en contrôlant nos paroles et nos décisions pour rehausser l'image de notre pays.

-Très bien parlé. C'est la raison pour laquelle vous avez été choisi dans cette émission comme l'invité spécial. Alors, le monde nous suit donc vous allez nous informer et former aujourd'hui !

-Bien, évidement !

-Quelles sont les nouvelles lois que vous nous proposez pour la nouvelle Côte d'Ivoire ?

-Très bien, mon frère. Si nous voulons une nouvelle nation alors nous avions besoins aussi des nouvelles lois.

-C'est vrai, Ecrivain noir.

-Alors notre pays a besoin certainement une nouvelle image mais des nouvelles lois qui nous donneront une vie paisible et une quiétude totale à tous les enfants de ce pays. Vous avez la parole maintenant !

-Je vous écoute, mon invité car nous n'avions rien à dire sur ce sujet. Nous voulons vos propositions pour informer le monde.

-Merci, mon frère. Il est important que tous les Ivoiriens sachent que sans la paix, rien n'est possible. La nouvelle nation que nous souhaitons à mon avis doit s'articuler sur plusieurs aspects que je cite :

Premièrement, la rééducation de nos enfants et la conscientisation même de nos autorités sur le thème sur cette précieuse expression « Ivoirien nouveau ».Pourquoi sensibiliser encore nos autorités ? Tout simplement, parce qu'elles croient que « Ivoirien nouveau » concerne uniquement les populations. Non ! Cette précieuse expression doit être l'affaire de tous les enfants de cette belle nation car nous constatons que nos autorités mêmes ne sont pas des « Ivoiriens nouveaux ». Que cette foi-ci toutes les couches sociales soient des « Ivoiriens nouveaux » de la tête jusqu'aux pieds. Il faut qu'elles comprennent que cette affaire n'est pas sur le dos de la population seulement.

Deuxièment, Il est très utile de mettre en place une loi portant sur la libération totale de tous les prisonniers politiques de cette belle nation et une autre loi portant sur l'éradication totale des condamnés politiques sur notre terre des ancêtres pour toujours.

Troisièment, il faut une réconciliation vraie et non par une réconciliation par l'hypocrisie dans ce pays. Je ne parle pas de la réconciliation par l'hypocrisie parce qu'elle nous a rien apporté pendant les dix ans. Elle nous a apporté seulement que des illusions et des amertumes. Je vous parle de la réconciliation vraie car c'est elle que la nouvelle Côte d'Ivoire a besoin urgemment entre ses enfants pour la paix définitive ici. Cette réconciliation vraie commence d'abord par la réunion télévisée autour d'une table nationale avec tous les chefs des partis politiques et tous les chefs de toutes les tribus y compris les guides religieux en demandant à chaque chef de s'expliquer sur le problème survenu. Après les interventions, on donnera la raison à celui qui la mérité et suivi d'une prise de photo devant le monde. Et enfin la paix s'est retrouvée entre nous définitivement. Si nos chants de tous les jours, nos cris nuit et jour sur le vivre ensemble et la paix entre les enfants de cette belle nation ne sont pas émaillés et chargés de l'hypocrisie et de la haine et que nous nous égosillons de prendre les voies indiquées alors rien ne pourra nous empêcher d'atteindre la Côte d'Ivoire nouvelle dont nous souhaitons tous aujourd'hui. Es-ce que c'est faux, Gaspard?

-Non, Ecrivain noir! C'est très juste !

-Donc voici mes propositions pour la nouvelle Côte d'Ivoire car je veux que nous regardions dans la même direction dans ce pays. J'ai joué ma partition devant le monde. Si ces messages sont tombés dans les oreilles du sourd, ce n'est plus ma faute.

- Merci, mon frère. Mais tu as mon soutien. Je ne serai pas jalouse si tu fais mieux que moi, ma fille. C'est la vie. Ma prière que tu réussites ici-bas et que Dieu te donne encore un bon mari pour que tu sois heureuses dans ton foyer. Le monde est devenu très bizarre, ma fille. Trop d'humains sont sans cœur maintenant donc fait attention sur ton chemin. Nous voulons une nation avec des nouvelles mentalités désormais. Merci d'avoir passé ici pour nous vibrer cette émission importante. Que Dieu vous accompagne dans votre mission !

-Merci, mon frère. Je souhaite que tous les ivoiriens soient en paix et libres chez eux. C'est mon message final !

-Merci ! A bientôt !...

Aux enfants de ce pays : de tous bords politiques et de toutes religions confondues, afin que règnent l'entente, la paix, l'unité et l'amour pour la guérison de notre unique merveilleuse mère, la Côte d'ivoire.

11. L'image de la vraie réconciliation nationale

-Mes notables de chaque quartier venus de toutes les localités, la Avant tout chose, je voudrais d'abord vous dire mille fois merci pour votre obéissance et le sacrifice que vous avez fait pour être présents aujourd'hui. La Joie est pour moi immense de vous adresser mes mots dans cette réunion d'urgence. Si je vous ai appelé ici c'est à cause de la situation qui règne entre Glaou et sa femme. En fait, c'est pour vous informer de la résolution du problème entre Glaou et son épouse Ablafouè dans les jours à venir dans ce village. Nous avions tous assisté et vu la gravité de leur palabre dans ce village. Un couple qui donnait l'exemple dans ce village a pris une autre voie aux yeux du monde. Nous n'avions rien compris d'où le diable pour leur mettre en conflit. Leur palabre a fait verser le sang dans notre village si beau. Le village a tremblé à cause de leur palabre. On n'a jamais vu une femme de ce genre dans ce village qui donnait les cous de poing comme un lion qui bondit sur sa proie. Seuls les soldats qui ont pu calmer le couple Glaou dans ce village. Les machettes, les bois et les couteaux ont été utilisés dans ce combat farouche entre ce couple or ils étaient des exemples dans notre village. C'est la colère qui a poussé madame Glaou à rejoindre sa famille à CPI à Layé. Nous ne rester dans cette situation injuste et anormale car nous avions besoin la paix dans ce village comme avant. Désormais Glaou notre frère vit seul et nous savons que c'est la nuit que les célibataires souffrent beaucoup. Alors, je vous informe que le 15 Novembre est le jour prévu pour trancher cette affaire pour qu'Ablafouè rejoigne définitivement son mari dans ce village car elle est mariée légalement. Ce n'est pas possible qu'elle vit ailleurs et loin de mon époux.

-Très bien, mon chef. J'ai tout compris et je suis même très avis avec vous car les querelles ne peuvent pas nous faire avancer dans ce village. Cette date sera la bienvenue. Mais que ferons-nous puisque cette femme est encore chez sa grande famille à Layé ?

-Bonne question, mon premier notable. Je vais l'appeler après cette réunion pour lui informer de tout. Je lui dirai toute à l'heure qu'elle doit venir avant le 15 Novembre pour résoudre cette affaire entre elle et son mari.

-Ok. Très bien, mon chef. Si on le fait à son absence, cela ne sera pas l'image d'une bonne réconciliation car Glaou peut dire seulement ce qui est en sa faveur. Si les deux sont là, cela sera très bon car chacun donnera son point de vus et nous trancherons pour que la paix règne encore entre ce couple.

-Je suis d'accord. Donc attendons le 15 Novembre.

-Ok, je suis d'accord.

- Mais j'ai oublié de vous dire ce qu'elle m'adit au téléphone. Elle a dit qu'elle sera là à la date indiquée. Ensuite, j'ai oublié encore de t'informer que j'ai reçu un appel de la part du médiateur de la république. Il m'a dit qu'une délégation du gouvernement sera là à cette date pour suivre un peu cet évènement et voir les étapes de cette réconciliation vraie dont notre nation a besoin pour le bonheur de ces enfants.

-Donc, ça marche ! En tout cas, je serai très fier car ils peuvent comprendre aussi l'image de la vraie réconciliation dont nous parlons aujourd'hui dans cette belle nation.

*

* *

Le 15 Novembre fut arrivée et tous les notables conduits par le chef du village de Molonou ainsi que les la famille de Glaou et Ablafouè. Ablafouè a respecté sa parole. Tous rassemblés sous l'arbre à palabre au cœur de Molonou en attendant la délégation du gouvernement. Vers dix moins quinze, la délégation fut son entrée dans le village. Après les avoir reçus dans notre coutume, la cérémonie commença. -Pourquoi, mon fils ? Les informations que nous avions reçues ici ont coupées nos cœurs et tu viens de me dire le contraire dans cette lettre.

-Est-ce que Ablafouè et Glaou sont là ? dit le chef du village

-Oui ! Répondirent les notables.

-Ok. Je demande le silence. Ce qui se passe n'est que la rumeur car elle est là. On aura une solution dans cette situation pittoresque. Je n'accepterai pas la division dans ce village. Un tel sort pour notre mère. Elle sortira de cette infection virale. Aujourd'hui c'est aujourd'hui, chacun sera situé sur ce problème .Qui a tort et qui a raison, on le saura aujourd'hui devant le monde. Comme notre coutume le dit : L'homme est dessus de la femme. Donc je comme d'abord par l'homme. Monsieur, Glaou, qu'est ce que votre femme a fait et puis vous vous êtes battus à mort ?

-Merci, mon chef et je dis « Akwaba » à toutes ces autorités vues pour assister à cette cérémonie. Nous voulons une prise de conscience totale de tous les enfants de ce village .J'aime ma femme, c'est pour quoi je l'ai mariée légalement à mairie de Tiébissou. Tous les membres de sa ma famille savent l'argent que j'ai mis dans ce mariage. Je lui ai dit que la boisson n'est pas bien avec la femme. J'ai mis un litre d'alcool dans l'armoire et à mon retour du boulot et elle a tout bu. Elle est couchée dans le salon sans pagne mais avec son sleep seulement devant ses enfants. Voilà la source de notre palabre qui a secoué la Côte d'Ivoire. Je ne savais pas qu'elle était une sorcière !

-Non ! On ne dit pas ça à son épouse. Nous sommes devant les autorités. Tu as parlé, c'est tout. Dit l'un des notables.

-Merci, mon notable pour ton intervention rapide. Glaou, j'ai compris tes dires. Nous avions noté. Malgré ces querelles, nous sommes sûrs que les enfants se ressaisiront dans ce village. Alors, je tourne maintenant mon regard vers ton épouse. Ablafouè, vous avez écouté bien ce que votre mari a dit. C'est faux ou c'est vrai ? Dit le chef.

-En tout cas, ce n'est pas tout qui est juste. Dit Ablafouè

-Ok. Donc vous avez la parole maintenant pour dire ce que vous voulez. Dit le Chef.

-Merci, mon chef. Je n'ai pas bu toute la bouteille d'alcool. J'ai bu seulement que la moitié et j'ai couché au salon sur une natte. Je n'étais pas toute nue. C'est lui qui m'a donné une paire de gifle quand il était rentré. C'est pourquoi nous sommes battus.

Tout d'un coup, son mari se leva et dit dans une voix aigue en tremblant :

-Mon chef, elle ment. C'est le diable que j'ai épousée. Voici une preuve de ma vérité devant le monde. Je ne suis pas un menteur comme elle. Ce jour-là, je savais qu'un jour viendra, on discutera donc j'ai une photo de souvenir et de témoignage dans mon portable. La voici ! Regardez tous!

Et tout le monde regarda en murmurant. Sans plus tarder, le Chef envoya à nouveau une autre question à sa femme.

-Donc vous avez bu la moitié de la bouteille ?

-Oui, mon chef!

-Très bien. Nous t'avions compris. Après notre analyse, la voix de mes notables et celle du mien unies pour te dire que vous n'avez pas raison. C'est à cause de toi que vous avez fait le palabre. Tu n'es pas venue chez ton mari pour boire l'alcool et se trainer dans le salon toute nue. Il t'a mariée pour l'aider à construire sa vie et celle de vos enfants. Tu as tort ! Alors, demande lui pardon devant ce monde ! Dit le chef sous une forme forte.

Toutes les autorisé venues regardaient silencieusement la scène en murmurant entre eux et disant c'est ce que nous devions faire pour que cette nation retrouve sa vraie paix. Sans plus tarder, elle se leva dans la foule et elle se dirigea vers son époux et s'agenouilla devant lui en lui disant en coulant des larmes en ces termes :

-Moon mari, pardonne –moi. Je reconnais ma faute. Ce n'est pas pour une femme de prendre l'alcool comme son parfum. J'ai voulu ressembler celles d'Abidjan mais j'ai su que ce n'est pas toutes habitudes qu'il faut copier. J'ai honte car mon âge ne ressemble à ce j'ai fait. Je suis le couple de cette querelle et le combat farouche que nous avions fait dans ce village. Je suis allée vite à la CPI parce que je ne voulais pas que le pire arrive sur toi encore. Pardonne-moi pour l'amour du ciel. Je jure devant les Chefs et devant les autorités venues que je ne bois plus. Je ne me comporte plus comme un sauvage dans notre couple encore car je veux la paix dans notre foyer et nous construisons emble l'avenir de nos enfants. Les palabres entre les couples ne sont pas bons du tout et cela met votre vision commune en retard. A partir d'aujourd'hui, je connaitrai ma place et ce qu'une femme doit faire pour aider son mari à avancer.

Et son mari lui répond en ces termes :

-Nul n'est au-dessus du pardon et le pardon désarme les cœurs perforés et il tue la colère. Si je prends une autre décision contraire à travers tout ce que tu viennes de le dire, c'est comme je ne suis pas humain. J'ai accepté ton pardon et j'ai oublié. Tu es ma femme et je te donnerai toujours la même considération comme avant. Lève-toi ,mon amour ! C'est fini. Merci mon Chef car c'est votre effort qui nous a réconcilié dans ce village. Que Dieu te garde avec tes notables pour que vous jouez votre rôle de paix et celui de réconcilier les frères et les sœurs en conflit dans ce village pour donner une vrai image de la réconciliation aux yeux du monde.

-Merci, mon fils .Mon souhait le plus ardent est que notre village et notre nation règne dans la paix et dans l'entente. Tout est fini dans ce village tout division et querelle. Alors, nous allons prendre une photo d'ensemble avec les autorités pour montrer au monde que Glaou et Ablafouè se sont réconciliés.

-Oui ! Répondit la foule à haute voix.

Cria à haute voix le Chef en ces termes :

-Photographe du village ! Photographe du village ! Vient ici nous avions besoin une photo rapidement pour fermer la cérémonie de cette réconciliation réelle. Et le photographe du village apparut pour prendre la photo et chacun a pris la route de sa maison. Le couple et le Chef accompagnèrent les autorités venues jusqu'à la montée....

Aux enfants de ce pays : de tous bords politiques et de toutes religions confondues, afin que règnent l'entente, la paix, l'unité et l'amour pour la guérison de notre unique merveilleuse mère, la Côte d'ivoire.

12. L'intervention surprenante de l'Ecrivain noir

Peuples de toutes les contrées de la terre, enfants de tous les bords politiques et de toutes religions confondues. Ecoutez enfin encore ma voix, la voix suave de l'Ecrivain noir dont le Tout-Puissant a mandaté pour booster cette union parfaite tant attendue dans toutes les contrées du pays. Je m'incline devant vous avec toute la considération et avec tout le respect pour dire en ces termes: Au nom de notre solidarité inséparable et inexplicable que j'aspire encore entre nous, je voudrais dans cette période glissante et fragile que nous tournons aujourd'hui la page de cette histoire sombre et humiliante que nous avions traversée sur nos pas et de penser à la guérison de notre mère car c'est notre seul bien commun, notre héritage identique et notre trésor commun. Cette mère gentille, cette mère hospitalière et cette mère généreuse est gravement malade aujourd'hui sous nos yeux et transférée en urgence à Paris précisément à Saint-Denis. Elle a besoin de nous pour se soulager, pour sourire et pour se rétablir proprement. C'est pourquoi, je ne cesserai jamais de vous interpeller pour ouvrir vos yeux en disant que notre mère est en danger et entourer par des sons sonores qui peuvent la conduire à la mort demain. Elle vaut mieux que l'assaut final, la désobéissance, il n'a rien en face et un coup K.O. ce nom précieux « ivoirien » qui nous a été attribué naturellement, c'est grâce à son amour réel pour nous que nous avions eu ce beau et super nom « Ivoirien » naturellement aujourd'hui dans toutes les contrées du pays. C'est cette mère qui s'est sacrifiée pour nous et c'est elle qui est dans une situation pathétique aujourd'hui et qui tend vers une mort pitoyable demain. Levons-nous pour la sauver car nous avons une seule nation.

* *

*

Un jour, deux jours voire une décennie plus tard, mon papa ne m'avait pas cru que ce message vilain arriverait dans la bouche de notre premier responsable Gbo ici et je ferais une surprise désagréable devant cette foule. Cette prophétie s'est réalisée réellement et il m'a donné toute la raison. Je me rappelais bien ce jour-là devant une nuée et un parterre de personne sous l'arbre à palabre au cœur de Molonou dans la région de Tiébissou que le chef de notre parti prit la parole devant le monde en ces termes : « Mes frères et mes sœurs, soyez la bienvenue dans cette réunion cruciale. Vous avez choisi le meilleur parti. C'est notre parti que vous le connaissez depuis une décennie et aujourd'hui, il est question de vous charger et vous interpeler que ceux qui ne sont pas avec nous sont considérés directement comme nos ennemis à battre. C'est le message pressant que je souhaiterais vous faire comprendre aujourd'hui. Allez-y en paix pour faire passer ce message pressant et crucial aux autres. Je vous remercie ».

J'étais là ce jour-là. Aucune personne ne parlait ni pour dire le contraire de ce que la loi nous demande à ce sujet dans ce monde. Le silence remplissait les bouches parce que c'est GBO qui a parlé. Personne ne parlait. Je me rappelais devant ces sourds muets pour mon geste qui a surpris toute l'assemblée ce jour-là. Une minute après ce message sale et haineux de notre chef. Je me levai dans la foule et je criai à haute voix au milieu de l'assemblée : « je veux parler ! Je veux parler ! ».Et le silence remplit à nouveau le lieu et le chef se leva avec une mine serrée tachetée de gros boutons et dit en ces termes :

-Mon fils, tu as la parole et dit ce que tu penses devant l'assemblée aujourd'hui car nous avions une démocratie parfaite ici dans ce continent.

Sans plus tarder, je pris la parole devant la foule en disant : « Je suis Ange Fabrice Dibi dit Ecrivain noir. Je suis un ressortissant aussi de ce beau pays. Je préfère mourir au nom de la vérité que de mourir au nom du mensonge devant le monde. Mon chef, mes frères et mes sœurs, je m'excuse encore pour tout dégât que mes propos feront dans vos mémoires aujourd'hui dans cette réunion inoubliable et pressante. Mais sachiez d'abord que la vérité est unique et Dieu est toujours au côté de ceux disent la vérité. Je refuse avec considération le message sanieux, haineux et vilain de notre chef dans cette période pénible et fragile que notre nation traverse. C'est un mauvais enseignement pour vos militants, vos militantes et la génération à venir sur cette voie d'émergence du monde .Ce message ne peut guère construire une nation ni un monde nouveau aux yeux du monde. Mettez l'intérêt de la nation en premier lieu avant toute chose. C'est un message de division des enfants et de haine. Nous sommes épuisés par des mots révoltants dans cette nation. Avant-hier, c'était l'assaut final ! Hier, c'était il n'a rien en face ! Aujourd'hui, c'est la désobéissance civile et un coup K.O.Trop, c'est trop. Formatez cet esprit malsain maintenait dans cette nation et refusez de voir l'autre comme un ennemi à battre, mes frères et mes sœurs. Il n'est pas forcement que nous soyons tous dans le même parti ici. Je le dis haut et fort : Non ! Et Non ! Car nous avons un système démocratique ici. Il y a des choses que nous pouvons faire être ensemble et agir ensemble comme la recherche de la paix, la solidarité, la cohésion sociale et l'amour entre nous. Mais, d'autres comme les mouvements politiques, non ! Alors, demain c'est encore la présidentielle dans notre pays. Pour ce fait, devant ce monde pléthorique, mon Chef, j'aimerais que, avec respect et considération que ; reformulez vos messages envers vos militantes et vos militants pour freiner la violence et la propagation de la haine car notre mère est gravement malade. Vous êtes aussi un miroir de la société et un exemple pour ces jeunes de cette nation. Arrêtez de souiller la mémoire des innocents et de stimuler leurs pressions artérielles par les messages vilains pour créer le désarroi dans notre nation. L'ivoirien nouveau doit être une affaire de toutes les classes parce que j'ai l'impression que vous les autorités vous n'êtes pas nouvelles or ce précieux mot est pour nous tous. L'Afrique et ses biens souffrent d'une épidémie étatique de gestions dont le seul remède fort est la bonne gouvernance. Chosifions notre éducation nationale pour avoir des vrais artisans de paix, mon chef. Prêchez les messages de paix, d'union, d'amour et de solidarité que de faire la promotion de la haine, de la Division et la méfiance car notre mère est en urgence à l'hôpital de France à Saint-Denis. Arrêtez la violence politique et les empoisonnements car nous sommes tous des frères et des sœurs après tout. Faisons notre effort actuel et sacrifice suprême pour la sauver que de se battre entre nous avec les vilains propos. J'ai terminé mes propos. Je vous remercie ! ».

Et la foule me donna un coup de mains pour mon courage eut d'avoir démenti les propos haineux du chef devant le monde ce jour-là. Une minute après ce fameux geste étonnant, le tonnerre frappa à deux reprises dans le ciel et le ciel s'obscurcit et l'arc-en-ciel entoura le soleil subitement. Prit de panique devant cette épreuve naturelle pour témoigner la véracité de mes messages et brusquement, GBO jeta son mouchoir noir qui était dans sa main gauche par terre et il croisa les deux mains sur sa tête versant ses larmes de crocodiles devant l'assemblée en disant : « Mitidoufouè ! Mitidoufouè ! Mitidoufouè ! ». Deux secondes après, Il essuya ses larmes et il cria devant cette nuée de personnes à nouveau : « Silence, mes peuples venus dans cette réunion. Je veux me contredire : Pardonnez-moi pour ce massage de toute à l'heure. C'est la haine qui m'a poussé à le dire. Il est n'est pas bon pour ma personnalité. Pardonnez-moi pour ce dérapage. Je suis aussi humain comme vous et j'ai droit à l'erreur malgré mon titre. L'autre ne doit pas être forcément un ennemi à battre car nos avions un système démocratique et un système libéral. Allez-si en paix et voir l'autre comme un frère et comme une sœur au nom de la paix et l'unité dans cette nation». La foule était dépassée de l'acte posé par le Chef. Et après son intervention honteuse et humiliante, nous nous sommes dispersés pour regagner nos différents domiciles. Deux semaines après cet événement surprenant, j'ai reçu un coup fil privé de la part du chef en me disant : Mon fils, tu es un brave garçon. Avec toi, le monde peut évoluer car souvent nous avions besoin des gens pour nous redresser en tant que Chef. Je garderai un poste très important au prochain remaniement de mon gouvernant. Ensuite, un mois après cet appel du Chef, j'ai reçu encore un autre appel encore dont j'ignore la provenance en me disant : Est-ce que votre mère la Côte d'Ivoire sera-t-elle sauvée l'année prochaine pendant cette présidentielle ? Et je lui répondis en ces termes :

-Je suis affectueusement sûr que notre mère ne mourra pas dans cette situation pathétique qui l'entoure. Elle sortira dans cette maladie demain puisque tous les enfants sont en train de comprendre qu'une mère reste une mère et toujours importante dans la vie. Ensuite, tous les enfants sont informés de l'ordonnance de notre mère depuis la France. Il était mentionné dans l'ordonnance que notre mère serait guérie si seulement si tous les enfants font la barrière à la violence, à la haine, ...et à la vengeance. Mon frère, toutes les autorités de ce pays à savoir les maîtres, les marabouts, les religieux, les enseignants, les professeurs sans oublier tous les membres du gouvernement ont décidé de regarder dans la même direction depuis quelques jours. C'est une avancée appréciable et propice devant le monde pour une élection paisible sans le ruissellement du sang. Ils ont compris que les disputes, les humiliations et les paroles haineuses sont les grains de la guerre dont noud devons bannir sur nos pas et la seule préoccupation qui doit nous intéresser actuellement est le combat unique qui permettra de faire la présidentielle à venir sans l'écoulement du sang car elle est notre seul bien commun. Si elle meurt, nous n'aurons plus de nation biologique aux yeux du monde et nous serons éternellement orphelins de mère. Le bilan trimestriel, le bilan mensuel et le bilan annuel attestent qu'elle est gravement malade et elle a besoin de nos aides en tant qu'enfants. C'est notre lourde responsabilité devant le monde dont chaque enfant digne de notre nation doit jouer honorablement sa partition devant le monde pour la sauver. Mon frère, tout dépendra de la volonté divine maintenant si nous jouons nos partitions. Et il me raccrocha au nez !

Fin

Aux enfants de ce pays : de tous bords politiques et de toutes religions confondues, afin que règnent l'entente, la paix, l'unité et l'amour pour la guérison de notre unique merveilleuse mère, la Côte d'ivoire.

Tableaux des matières

Exercice 1

.Soulignez les docteurs qui étaient avec notre mère au CHU de Treichville avant son transfert.

.Docteur Rémi .Docteur Gérard

.Docteur Dacouri .Docteur Richard

.Docteur Fulbert .Docteur Lobognon

.Docteur Blomé .Docteur Ben

Exercice 2

.Voici quelques mères du monde. Entourez celle qui est notre mère.

.Sénégal .France

.Mali .Côte d'ivoire

.Ghana .Togo

.Maroc .Brésil

Exercice 3

Mettez oui ou non devant les docteurs qui sont avec notre mère en France.

.Docteur Créma..................................

.Docteur Ferdinand..........................

.Docteur Valentin.............................

.Docteur Michel................................

.Docteur Michaël..................................

Exercice 4

.Entourez les maladies dont souffrance notre mère.

.Le Sida	.La division
.La tuberculose	.Le cancer de foie
.La haine	.La dictature
.L 'injustice	.La violence
.La vengeance	.La tension artérielle.

Exercice 4

.Entourez les maladies dont souffre notre mère à cause de ses enfants selon les docteurs.

.Le Sida	.La colère
.La haine	.La vengeance
.L'injustice	. La tuberculose
.La division	.La mésentente

Exercice 5

.Entourez les médicaments prescrits par les Docteurs pour guérir notre mère

.L'amour	.La cohésion sociale
.Les T-fers	.Les antirétroviraux
.Les paracétamols	.L'union
.La non-violence	.L'entente

Exercice 6

.Mettez les mots selon vos pensées pour notre mère et vos sexes : **enfant indigne, ses bienfaits, fils, défendre, enfant digne, fille et détruire**

Ma nation est comme ma mère, je préfère la......................... plus que la...............................aux yeux du monde car je reconnais.........................

Printed by Books on Demand GmbH, Norderstedt / Germany